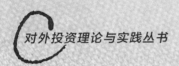

对外投资理论与实践丛书

THE PRACTICE AND PROSPECT OF
FOREIGN DIRECT INVESTMENT OF
CHINESE PRIVATE ENTERPRISES

中国民营企业
对外直接投资的
实践及展望

张 琦 陈景同◎著

经济管理出版社
ECONOMY & MANAGEMENT PUBLISHING HOUSE

图书在版编目（CIP）数据

中国民营企业对外直接投资的实践及展望/张琦，陈景同著.—北京：经济管理出版社，2020.8

ISBN 978-7-5096-7441-3

Ⅰ.①中… Ⅱ.①张… ②陈… Ⅲ.①民营企业—对外投资—直接投资—研究—中国

Ⅳ.① F279.245

中国版本图书馆 CIP 数据核字（2020）第 158452 号

组稿编辑：王光艳
责任编辑：魏晨红
责任印制：黄章平
责任校对：王淑卿

出版发行：经济管理出版社
　　　　　（北京市海淀区北蜂窝 8 号中雅大厦 A 座 11 层　100038）
网　　　址：www.E-mp.com.cn
电　　　话：（010）51915602
印　　　刷：北京晨旭印刷厂
经　　　销：新华书店
开　　　本：710mm×1000mm/16
印　　　张：12
字　　　数：203 千字
版　　　次：2020 年 11 月第 1 版　2020 年 11 月第 1 次印刷
书　　　号：ISBN 978-7-5096 7441-3
定　　　价：68.00 元

前　言

　　全球政治经济大格局发生了深刻变化，风险、挑战和不确定性大大增加，尤其是在中美贸易战下的逆全球化思潮、国际监管环境趋严和"新冠肺炎"疫情对全球价值链、供应链、产业链形成的冲击，给中国民营企业对外直接投资带来了现实威胁。因此，要求我们以数字化、智能化模式创新去实现行业发展路径蜕变，充分利用中国民营企业的制度优势推动全球供应链多元化，在危机中确定增长的信心，在危机中彻底地自我变革，把危机变为中国民营企业对外发展的一种新契机，促使世界经济重回轨道。

　　本书着重回答了以下几个问题：我国民营企业在新旧经济的转换中，对外直接投资的治理模式与成长模式及其影响因素是什么；科技引领的中国民营企业对外直接投资在技术进步和数字化影响下，传统产业如何实现与科技革命迭代融合发展的战略转型；如何应对"新冠肺炎"疫情对中国民营企业"出海"遇到的难题与挑战。

　　本书揭示了民营企业与国际体制的耦合特征，民营企业将进一步成为中国对外直接投资的主体力量。提出了以"一带一路"为统领，重塑对外直接投资新格局、把握全球制造业分工格局调整契机、加强创新驱动、推动企业对外直接投资、加强海外投资平台建设等战略思路。颠覆性技术的突破不仅会导致全球价值链的深度重构，也会助力中国民营企业对外直接投资实现"弯道超车"，实现与第四次科技浪潮的同频共振。

　　本书从理论，尤其是从实践的视角，通过中国民营企业对外直接投资实践的成功案例，分析了国际市场环境和民营企业优势，提出了传统经济下的民营企业在对外直接投资中，向数字经济、智能经济转型的建议和实操战略。对民营企业跨国并购、区位选择、产业国际转移等问题所进行的理论探讨和实证分析，尤其是对民营企业对外直接投资的重点区域投资选择及风险防范的应对建议的某些观点和思路，有一定的现实意义和实践价值。

历经40多年的改革开放，中国在世界制造经济时代属于跟随者，制造业很少产生全球范围内的成功实践范例，国内成功的制造企业代表公司——福耀集团和海尔集团，也是在现代的管理理念下一步一个脚印发展起来的。随着全球进入互联网和数字经济时代，中国已经从跟随者转为创新者甚至是先驱者和领导者，中国如今已经有了全球范围内最佳数字经济的实践典范，如华为、阿里巴巴等一批世界级优秀企业已经处于全球引领地位。国内的学术研究水平也达到了国际水准，本土管理学界的理论构建能力有了很大提高。中国人民大学商学院易靖韬教授等提出了数字生态竞争优势 (Ecosystem-Specific Advantages，ESA) 理论，在实践中有一定的指导作用。可以说，中国管理学者提出有国际影响的管理理论的条件已经成熟，中国已经能够创造出有影响力的下一代企业管理理论。

从总体上看，中国对外直接投资的研究还处在初级阶段，国外学者比较系统和深入地研究了对外直接投资问题，国内学者对中国对外直接投资进行了一定的研究，探索中国民营企业对外投资的问题具有重要的理论和实践意义。以经济学、管理学相互结合的方式，让不同学科背景去"对话"、分析研究，对数字经济时代的管理再思考：从企业竞争走向生态竞争、从零和竞争走向共赢竞争、从单边思维走向多边互惠互补是此书的一个特色。

"新冠肺炎"疫情更是让部分全球化终结论者认为，疫情已成为压倒全球化的最后一根稻草，给全球化彻底画上了休止符。全球化到底是进还是退？笔者认为，信息技术时代的全球化进程不可逆转，互联网是全球化的助推器，数字技术则是全球化的最大推手，全球化与互联网互相赋能。发展中的问题需要用发展的思路去解决，全球化大势和"新冠肺炎"疫情危机推动了更高层次的全球化进程。数字世界全球共治需要在经济、政治和文化三个维度统筹推进，数字世界有机会打造升级版的全球化。本书的研究立足于新经济下的中国民营对外直接投资的实践和经验，尤其是数字经济下对外直接投资归纳总结，为更多的中国民营企业在新旧经济之间转换情势下"走出去"，提供了新的视角。

该书内容安排如下：

第一章中国企业对外直接投资综述。从概念的界定与理论文献综述入手，探讨民营企业对外直接投资，为之后的实证分析及本书主题内容的概述和铺垫部分奠定基础。本章从中国企业对外直接投资背景与环境入手，分析投资发展的区域、产业和企业选择及投资类型的指引作用。

第二章中国民营企业对外直接投资发展分析。中国民营企业对外直接投资正在逐步融入全球产业链、供应链、价值链。探讨中国民营企业对外直接投资的驱动因素与行为，以及民营企业对外直接投资的政策与优势、模式与进展、存在的问题与思辨。

第三章科技引领的中国民营企业对外直接投资实践。通过实践案例深入研究传统产业与科技革命迭代融合发展对产业尤其是对对外投资的影响，通过典型案例的经验与启示，揭示传统经济与新经济融合下对外直接投资实践中重点体现了由点到面、点面结合的方法。本章注重通过典型案例的引入来帮助我们认识和思考在信息化和数字化的新经济下，传统产业与科技革命迭代融合发展对产业的影响，并以阿里巴巴和福耀集团国际化之路的经验与启示的实践为中国民营企业对外直接投资做了深刻的分析与思辨。

第四章中国民营企业对外直接投资的重点区域与风险防范。主要探讨了中国企业在亚洲、非洲、欧洲、北美洲、大洋洲、拉丁美洲等地区的主要业务及特点、发展现状、发展前景及面临的机遇和挑战的基础上，提出了中国企业新时期的区域投资战略布局，并分别对亚太地区、欧洲地区和非洲地区三个区域的投资及风险应对与管控进行了专题研究。如何正视民营企业对外直接投资的风险，对防范提出了对策建议。强调从主观、客观两方面加强企业风险防范，并提出中国企业对外直接投资发展的思路与建议。

第五章中国民营企业对外直接投资的挑战、应对与展望。主要提出了"互联网+"、5G 时代、人工智能、区块链叠加下的数字化的新时代，对外开放和直接投资的主要特征与挑战，尤其是"新冠肺炎"疫情对中国民营企业"走出去"的挑战与应对。提出了中国民营企业"走出去"范式与政策建议，最后是中国民营企业对外直接投资的借鉴、启示与展望。

本书是在广泛汲取近年来许多国内外学者在国际经济、国际投资、管理学及信息技术等方面的最新研究成果的基础上，理论联系实际进行了比较全面和系统的论述，具有很强的实用性和参考价值。

由于笔者水平有限，书中难免存在一些不足与疏漏之处，敬请广大读者不吝赐教。

张　琦

2020 年 3 月于深圳

目 录

第 一 章
中国企业对外直接投资综述

本章从概念的界定与理论文献综述入手探讨民营企业对外直接投资，为之后的实证分析及本书主题内容的概述和铺垫部分奠定基础。本章从中国企业对外直接投资背景与环境入手，分析投资发展的区域、产业和企业选择及投资类型的指引作用。

第一节　相关概念与理论综述

一、相关概念的界定

（一）国际化与跨国公司

1. 国际化

国际化是设计和制造容易适应不同区域要求的产品的一种方式，它既包括产品国际流动，也包括生产要素的国际流动。笔者认为，它的英文名字使用 Multi-nationlization 比 Internationalization 更加贴切，国际化就是你的客户和收入的 1/3 来自本土之外、1/3 的生产和供应链来自多个国家、员工 1/3 以上不是本国人，这样定义国际化可能更直白、更科学一些。

这里值得我们重视的是跨国企业的产业整合、平台投资。中国企业要想凭空创造一家优秀企业较难，一般是具有优势的企业把经营不善的企业兼并收购。中国企业把中国市场做好之后，再去跨国整合一些平台，不断收购同行企业，把企业做强做大。近年来中国企业的海外投资，折戟者众。企业究竟要不要国际化？发展到什么阶段再去国际化？这些问题需事先想清楚。

2. 跨国公司

MNC 是 Multi-national Corporation 的简称，也可以译为多国公司，指由两个或两个以上国家的经济实体所组成，并从事生产、销售和其他经营活动的国际性大型企业。跨国公司在技术上牢牢地控制着其所在行业的发展。跨国公司的经营表现为跨行业、跨领域的多元化经营。跨国公司是以动员和整合国际资源为基础的企业，这些公司当中已经形成寡头竞争的格局，几个大的公司占有了市场的大部分份额，在完全竞争市场更有效率。

（二）民营企业与一般竞争性领域

1. 民营企业

民营企业就是非公有制企业，除"国有独资"和"国有控股"外的其他企业。中国民营企业对外直接投资是指我国非公有制企业通过现金、实物等方式获得国外企业主要的经营管理权的经济活动。民营企业开展对外直接投资发生的微观动因主要是寻求广阔的市场；多元化经营；开发经营资源；在较低的成本下，追求更高的投资效率、利用国外的资金等。

2. 一般竞争性领域

在一般竞争性领域中，民营企业是最好的参与者。在适当的制度安排下，能够兼顾资源配置的效率与公平。福利经济学第一定理：竞争性市场的均衡配置结果是帕累托最优。在一般竞争性领域中，市场这只"无形之手"能够实现资源的最优配置。而要使市场发挥作用，便需要市场中的所有参与个体基于自身目标函数最大化进行理性决策，相互之间充分竞争。毫无疑问，相较于国有企业，民营企业才是更符合上述设定的市场化竞争主体，民营企业是市场经济的微观基础。

帕累托最优是效率最优，并未涉及资源配置的公平问题，而公平问题恰恰是市场经济最常被诟病的地方。但事实上，市场机制在资源配置上是中性的，市场机制完全能够在实现效率最优的同时兼顾公平。福利经济学第二定理：任何帕累托最优都能通过竞争性市场的均衡配置予以实现。在一般竞争性领域中，政府这只"有形之手"可以进行适当的转移支付以谋求公平，市场这只"无形之手"则会自发实现资源的配置效率。在政府的良性干预下，市场机制能够兼顾效率与公平，因此不必担心民营企业在一般竞争性领域中占据主导地位之后会对经济社会造成不利影响。

在一般竞争性领域中，政府需要做的是维护交易公平与秩序，防止企业合谋与欺诈，保障消费者的合法权益，不断改进监管，优化市场基础设施，提高市场效率，当好"守夜人"。政府不应当通过国有企业等非市场化手段下场比赛，既当裁判员又当运动员，违背公平竞争的市场精神，降低市场的资源配置效率。

（三）竞争中性与所有制中性

国有企业效率偏低及其对资源配置的扭曲，关键在于缺乏充分且公平的市场竞争。要纠正市场扭曲、促进经济健康发展，就必须坚持"两个中性"原则：竞争中性与所有制中性。

1. 竞争中性

竞争中性是指所有市场主体在经营中都能获得公平竞争的权利。OECD对竞争中性定义了八大原则：经营范围划分、成本监管、回报率要求、补贴监管、税收中性、监管中性、信贷中性和政府采购中性。竞争中性的本质是：避免国有企业依靠与政府的关系获得不正当的竞争优势，通过营造公平公正的营商环境激发市场主体活力，促进资源高效配置和经济健康发展。

无论是对国企，还是民企和外企，都应遵守竞争中性的原则，这是市场经济的精髓。我们不能戴着有色眼镜去看待民营经济。当背离了这个原则的时候，我们的经济就会出问题。什么是社会主义市场经济道路？一个非常重要的标志就是各类经济主体是平等的，它们在法律和政策面前是完全平等的，这就是所谓的政策中性或者竞争中性。它们平等地享有配置资源的权利，这样才能够为人民谋幸福。人对初心和使命做了非常令人担忧的解释，有些解释笔者是不赞成的。

2019 年《政府工作报告》首提"竞争中性"原则，其内涵就是"在要素获取、准入许可、经营运行、政府采购和招投标等方面，对各类所有制企业平等对待"。可以看到，《中共中央国务院关于营造更好发展环境支持民营企业改革发展的意见》（以下简称《意见》）中"公平""平等"分别出现 9 次和10 次，是对"竞争中性"原则及其内涵的全面落实。另外，民企自身的运营机制包括治理结构、内部约束机制、业务流程等也存在缺陷，这意味着推动民企发展和改革需要政府层面与企业层面的共同努力，《意见》内容也体现了这一思路。

2. 所有制中性

所有制中性是指政府对各种所有制企业一视同仁，使其公平竞争。所有制歧视是中国经济中存在的一大现实问题，国有企业在政府背书下显性或隐性地获得政策和资源倾斜，民营企业则相应地处于劣势地位。国家经济体制改革委员会原副主任高尚全提出了"所有制中性"原则，认为其是"竞争中性"原则的前提和基础。邓小平同志有句名言，"不管黑猫白猫，捉到老鼠就是好猫"，说的正是要抛弃所有制歧视，让所有企业公平竞争。

二、对外直接投资文献综述——国外部分

20 世纪 80 年代形成的对外直接投资理论，许多研究关注的是其对投资国及东道国产业结构的调整。对于投资国来说，主要理论认为投资产品应当是本国已具有成熟技术及过剩生产能力的产品，并逐渐发展为投资产品，应当是"边际效应降低或处于比较优势的产业"，代表理论为"产品生命周期理论"。第二次世界大战后，关于对外直接投资的理论研究进一步深入，从微观的产品研究拓展至中观的产业研究，甚至宏观的国家影响，"产业转移论"为此阶段的代表理论。随着国际金融、投资日渐全球化、一体化，对外直接投资相关理论研究也更加多元化，涌现出更多以发展中国家对外直接投资为立足点的研究成果，从多角度探讨了对外直接投资的动因等。

（一）产品生命周期理论

产品生命周期理论由雷蒙德·弗农于 1966 年提出。该理论认为某产业中的领先国家（主要是发达国家）在此类产品生命周期进入成熟化和标准化阶段时开始进行对外直接投资。此举不仅对投资国该产业的发展，而且对其他产业的发展均有益处。对该产业来说，对外直接投资将转移本国的过剩生产力，或解决一些因大力发展此产业而造成的负面影响，并且为产品扩大销售市场、进一步提升利润空间及增加发展创新动力，最终实现延长产品生命周期创造了可能性。对投资国的其他产业而言，因对外直接投资将对该产业进

行横向或纵向升级，使更多资源、市场以及劳动力被转向其他高技术、高资本含量的产业。

（二）产业转移理论

第二次世界大战后，发达国家把劳动密集型产业转移到发展中国家，并以此为契机，加快了国内产业结构的升级。1978 年，刘易斯提出了"劳动密集型产业转移理论"；1977 年，日本学者小岛清提出的边际产业扩张理论更明确地指出，国际直接投资（FDI）应该从一国已经或即将处于不利地位的产业即边际产业开始，东道国应该把这类产业转移到那些期望产业扩张的国家，在未来相当长的一段时间内具有潜在的比较优势，这将是投资者和东道国在不同发展阶段调整产业结构的双赢计划，这时的产业转移将会使双方积极推进投资合作，从而最大限度地减少资源和人力的耗费，并节省时间和资金。该理论认为，一个国家应将其弱势或将处于劣势的"夕阳"产业依次向外转移，通过开发利用国外资源降低生产成本，然后以低价进口成品，同时带动国内相关设备的出口。

（三）其他对外直接投资理论

近年来，随着全球经济一体化的不断深入，国际投资交错复杂，国际产业转移在不同发达程度的国家梯度推进是其重要表现之一。由于国际分工理念不断深化，以产品价值链为基础的全球生产网络已经成型并不断发展，对外直接投资已不仅仅是发达国家的专利，许多发展中国家的企业也在不断借鉴外国经验并在本国政策支持下参与对外直接投资。

英国经济学家邓宁在《贸易、经济活动的区位与跨国企业：折衷理论的探索》一书中提出的折衷理论认为，企业从事国际直接投资由该企业本身所拥有的所有权优势、内部化优势和区位优势三个因素共同决定。企业若仅拥有所有权优势，则选择技术授权；企业若具有所有权优势和内部化优势，则选择出口；企业若同时具备三种优势，才会选择国际直接投资。也就是说，企业只有在同时具有所有权优势、内部化优势及区位优势时，开展对外直接投资才最有利。

所有权优势是指一国企业拥有或能获得的国外企业所没有或无法获得的特点优势。包括：①技术优势。②企业规模。③组织管理能力。④金融与货币优势。国际投资的必要条件是企业在对外直接投资过程中对具有竞争优势的生产要素具有所有权，也就是说这种生产要素属于对外投资企业。

内部化优势是指企业通过扩大自己的经营活动，使优势的使用内部化比将优势的使用外部化更有利。如果在国外生产比在国内生产能使企业获得更大利润，那么就会导致对外直接投资；如果在国外的甲地投资比在乙地投资能使跨国公司获得更大的利润，则选择在甲地进行直接投资。这种外部化是指与其他独立企业进行市场交易。企业使其优势内部化的动机是避免外部市场的不完全性对企业经营产生不利影响，以保持和利用企业技术创新的垄断地位。内部化优势促进了资本的引进和输出，而资本的引进和产出又取决于投资国和东道国市场的不完全程度、投资国和东道国之间的经济发展水平的差距。

区位优势则表现为投资区位的选择受到生产要素、运输成本、市场地理分布和投资环境等因素的制约。跨国公司在投资区位上具有选择优势。拥有所有权优势和内部化优势的跨国公司在进行投资决策时，首先要考虑区位选择，即选择在国内投资生产还是在国外投资生产。如果国外生产能比在国内生产获得更多的利润，那么就会导致国外直接投资。因此，国际直接投资（FDI）的流向实质上取决于区位禀赋的吸引。主要包括贸易壁垒、市场特征、政府政策、当地生产水平、劳动力成本和原材料供应。

拥有所有权优势和内部化优势的跨国公司在进行直接投资时，首先面临的是区位选择，即是在国内投资生产还是在国外投资生产。如果在国外生产比在国内生产能使跨国公司获得更大的利润，那么就会导致对外直接投资。而区位优势是对外直接投资中一个很重要的因素，如果缺少区位优势，那么就不适合对外直接投资，只能进行出口贸易。企业如果只有所有权优势，则只能考虑采用技术转移的形式，将技术出让给其他企业。

如果在上述三个方面都具有优势，即"三个优势"的水平决定了其在国际直接投资中的地位。而借助东道国形成的创新性资产，对于投资国来说具有更大的产业结构调整意义及战略性作用。

邓宁虽然在国际生产折衷理论中融合了所有权、内部化和区位三个优势因素，其实更加着重于强调内部化优势，因此更适合用来分析大规模跨国公司的对外投资问题。事实上，国际生产折衷理论依然是在工业国家企业的背景下建立起来的，没有充分关注新兴国家工业化过程，这是该理论的一个重要局限。

三、对外直接投资文献综述——国内部分

随着我国对外直接投资的快速发展，国内学者对其越来越重视，并给出了符合我国国情的建议。与发达国家相比，在我国对外开放时间短、工业化起步晚的背景下，我国对外直接投资历史短、规模小，对外直接投资理论的研究起步较晚，所以我国对此的研究基本遵循国外的研究思路和方法。然而，随着近年我国"走出去""引进来"两大对外经济战略的贯彻实施，越来越多的中国学者开始关注这一研究领域，特别是 2013 年以来习近平同志提出了"一带一路"倡议，中国的对外战略越来越受到国内外的关注，我国企业的对外直接投资势头强劲，为理论研究提供了更多的现实素材。

（一）面板数据

梁锶、苑生龙（2016）基于省际面板数据分析得出，中国存在明显的地区差异，我国地方企业对外直接投资的发展趋势主要受地方经济发展等内部原因的制约。东部较发达地区与中西部相对落后地区存在显著差异，地方企业对资源和市场影响明显，资源寻求是企业实施国际直接投资（FDI）的主要动力。地方经济的发展、人民币升值、进出口总额及地方服务业的发展水平与对外直接投资的趋势变动具有显著关联。但研究的不足之处在于没有考虑跨国市场的因素和国内政策对国际直接投资（FDI）的可能影响[1]。

（二）模型分析

陶涛、麻志明（2009）利用安德森的原始引力模型研究发现，中国企业在不同地区或区域的国际直接投资动机是不同的。中国企业对西方发达国家的国际直接投资行为更多的是为了获取西方国家的先进技术和管理方法，而发展中国家的国际直接投资行为更多的则是为了寻求市场和资源。其中，中国寻求国际直接投资市场的主要原因是利用东道国丰富的资源和相对低廉的劳动力价格进行产品的生产，但还没有达到在东道国生产和销售产品以替代对东道国出口的阶段[2]。

---

[1]　梁锶, 苑生龙. 主体二元化背景下地方企业对外直接投资动因研究——基于省际面板数据的实证检验 [J]. 管理评论, 2016, 28（2）：49-60.

[2]　陶涛, 麻志明. 中国企业对外直接投资的动因分析 [J]. 改革与战略, 2009, 25(2)：152-155.

刘青、陶攀、洪俊杰（2017）从扩展边际和集约边际的角度，运用两阶段引力模型，从决策规模和区位选择两个方面研究了中国企业海外并购的原因。研究发现，中国企业的海外并购具有寻觅市场的特征，因为目标国的市场规模对中国海外并购的投资决策规模和区位选择具有积极的影响[①]。

（三）国家对比

汤建光（2007）比较了中日两国在对外直接投资中的汇率政策、经济发展阶段和政策取向等方面的差异，认为中国企业进行对外直接投资的动机主要有两个：一是自然资源寻觅，二是学习技术创新及企业管理。资源选择的主要原因是我国目前正处于以重工业为主导的阶段，能源需求日益增加。如果依赖进口，很容易受到全球市场供求变化、汇率变化等相关因素的影响，使能源供应无法得到相应保障。技术管理学习的选择主要是因为中国企业在许多行业还没有形成自主知识产权。同时，西方国家对中国的高科技产品出口的管制与控制越来越严格[②]。

通过比较中国和拉美国家的产业分布和投资动机，陈涛涛、陈忱和罗德斯·卡萨诺瓦（2016）得出结论，资源产业是中国对外投资的关键领域。在对外投资能力上，中国明显集中于大型国有企业，投资领域包括能源、矿产以及广泛的制造业；拉丁美洲地区国家则主要是由实力雄厚的非国有企业所代表，投资领域集中在资源行业和以资源为基础的制造业。他们认为中国的投资动机主要依靠内需和复杂的国内环境带来的产能积累[③]。

（四）宏观角度

周凤秀、张建华（2017）从宏观层面出发，结合我国企业所面临的宏观背景和政治体制，将政府干预与区位选择制度环境演变的差异结合起来，得出中国企业在对外直接投资中应符合政府的政策指导和投资区域层面环境[④]。

---

① 刘青，陶攀，洪俊杰.中国海外并购的动因研究——基于广延边际与集约边际的视角［J］.经济研究，2017（1）：30–45.

② 汤建光.中日两国对外直接投资的比较研究及其启示［J］.经济问题探索，2007（11）：79–83.

③ 陈涛涛，陈忱，罗德斯·卡萨诺瓦.中国与拉美地区对外直接投资的比较研究［J］.拉丁美洲研究，2016（4）：94–110.

④ 周凤秀，张建华.政府干预、制度调节与中国企业的对外直接投资［J］.国际商务（对外经济贸易大学学报），2017（3）：101–115.

综上所述，国内外围绕对外直接投资的研究主要集中在对外直接投资的动机、对外直接投资对东道国和投资国的影响、投资策略等方面，不足之处在于这些关于对外直接投资的研究主要侧重于从宏观的国家经济层面及中观的产业经济层面，而对于微观的企业发展层面关注较少。当前，在人民币国际化的大趋势下，从中国企业的角度把握对外直接投资的收益和风险具有重要的、显著的实践意义。

四、对外直接投资理论的发展——基于数字经济的一般性分析

以计算机技术迅速发展及移动互联网的出现为基础，引发了许多颠覆性影响的科技创新。例如，云计算、智能技术、物联网、机器人、生物识别技术、3D 打印等一系列科技创新不仅全面冲击着人类社会生活的方方面面，也让数据以非线性的几何级数速度增长，让人类处理数据的能力全面提升。企业的组织模式从科层级逐渐到扁平模式，再进一步进化到平台化模式。

（一）随着网络经济的发展，现代企业理论开始受到挑战

网络经济采用最直接的方式，拉近了服务提供者与服务对象的距离，这种直接方式减少了公司治理边界中的中间环节；而在网络经济中，需求方的规模经济和供应方的规模经济有机结合起来导致了正反馈效应，即需求方的增长能够减少供应方的成本，还能进一步让供应方的产品对更多用户产生吸引力，从而导致双方的超速发展；而当加入一个网络的用户数量越大，就导致新的网络想要转换已有网络中用户的成本更高；在网络经济中，信息产品的边际成本近乎于零，而注意力经济也成了公司边界的变量等。

进入云计算、大数据和人工智能时代，大量的企业通过数字化转型把自己的内部流程和治理搬到了网上，科层级的现代企业理论受到了极大挑战。科层级组织是现代企业运营的重要基础和必要条件，在科层级组织中保持信息和数据流转通畅、各级之间以及与总部之间的反馈与指挥及时到位，不同科层级在总体目标的基础上各自履行自己的职责和功能，与外部市场力量之间协调一致，就能实现企业组织的整体目标。但科层级组织的危害在于各类资源容易被套牢在公司科层之中，企业的科层为了自身的利益阻碍了资源的流通，因此在市场上就有二级股票市场和经理人市场等对实体资源流通形成制约，而互联网和数字化流程与治理则是对信息和数据

资源流通形成制约。

（二）数字化转型是对现代企业组织模式和制度的颠覆

除现代企业制度外，新兴信息技术也在大规模影响现代商业和生产组织得以运行的另一重要因素是企业和商业文化。日裔美籍学者弗朗西斯·福山有一套国际政治经济思想体系，又称为福山主义。世人对福山主义有不同的评价与观点，但在福山写过的诸多著作中，写于 1999 年的《大断裂——人类本性与社会秩序的重建》一书，用大量笔墨讨论了信息技术变革对社会的影响。从人性的角度观察了信息技术变革给 20 世纪中叶西方后工业时代所带来的重大改变，包括经济和社会的运行模式以及组织方式——旧有的社会规范和文化价值受到严重冲击，福山将此种种归为"社会资本"的大断裂。

"社会资本"这一术语最早是 1916 年由 Lyda Judson Hanifan 提出的。福山将之定义为"一套为某一群体成员共享并能使其形成合作的非正式的价值和规范"。福山进一步解释：如果群体中的成员希望其他成员的所作所为诚实可靠，那么他们就会开始建立彼此间的信任，信任就像润滑剂一样，帮助集体和组织的运转更加高效。福山认为任何社会都有社会资本，区别在于所谓的"信任半径"，即类似诚实和互惠这样的合作性社会准则在一定限度的人群范围内共享，并且拒斥与同一社会中该群体以外的其他人的共享。当然，社会的协调运行也可以依赖契约、法律体系等，但非正式规范可以大幅降低所谓的交易成本，即对契约进行监督、缔结、调整和强制执行等的费用。

福山认为互联网兴起之后，一种新的非正式的、松散的、水平的社会交往正在崛起，人们正在以一种全新的方式"结社"。在某种意义上，垂直型社团的减少以及水平型社团的增加，使"社会资本"转型了。

在新技术条件下，社会组织结构的扁平化促成了社会网络的兴起，使得社会资本对于构建社会秩序的重要性更大。福山认为，那些权力集中的公司走向衰落的原因，是无力应对日益复杂的世界对信息的需求。在全球社会经历从工业生产方式向高科技和以信息为基础的生产方式的转变之际，等级制度遭遇危机并不是一个偶然。随着经济的发展经济活动变得更加复杂，实现公司治理所需要的信息以几何指数增长。现代治理需要专门的技术，这些知识不可能尽为高层所掌握，因此必须依赖技术专家以及更了解区域市场知识的管理者。

　　企业史学家阿尔弗雷德·钱德勒（Alfred Chandler）指出，公司在组织内部向下放权的现象在过去至少一百年里持续发生。但新的问题也随即而来：在一个权力分散的、基层员工获得授权的组织内，如何协调各方的行动？福山认为解决的方式有两种：市场和网络（即今天的平台）。外部市场的体现形式主要是各种外包服务商，美国在 20 世纪 90 年代兴起的外包热潮，就是用市场关系取代等级制管控的一种表现。而网络则通过廉价和泛在的信息技术，降低因市场关系而产生的交易成本，人们把互联网视为一种有用的新型通信技术，也演变成为一种全新的、非科层级制的组织形式①，这样形式的组织能够适应复杂的、信息密集的经济世界。

　　在等级制或科层级组织中，相互竞争的部门之间始终是为了控制信息而斗争，而网络的重要性在于它为信息在组织内外的流通提供了其他渠道。在福山看来，所谓的"网络"即为共享非正式规范和价值观的群体，网络组织不像公司等级制度或科层级制度那样为职权关系，因此网络可以与等级制度共存。在企业内部，实现网络型组织的方式之一就是扁平化，2010 年以后出现了很多大型企业，特别是制造型企业扁平化的实践。

　　随着知识经济和知识工作者在整个社会经济、商业和企业中所扮演的角色越来越重要，企业的组织模式从科层级逐渐到扁平模式，再进化到平台化模式。整个社会的分工越来越基于 R&D 研发投入和知识工作者，而研发工作和知识工作者都不适合科层级的管理方式，哪怕是扁平模式。社会化的平台和平台经济是现代企业制度的重大演变。

　　微信、微博和今日头条等第三方内容分发平台的出现，引发了媒体组织方式和媒体工作者工作模式的巨大变革，越来越多的媒体工作者成为了独立的自媒体和自公司。但平台层往往形成 2~3 家巨头垄断的局面，这也为平台经济带来了自由竞争与垄断并存的格局。

　　互联网平台不仅在改变着企业的外部形态，也在改变企业内部的组织模式和组织关系。数字中台是企业数字化转型过程中出现的一种新型的组织模式，数字中台是伴随着企业向数字经济和数字商业模式转型而出现的新型内部平台，在企业由产品型商业模式向数字服务型商业模式转型的过程中，IT

---

　　① 官僚制是近代社会生产力飞速发展、社会分工越来越细、组织规模不断扩大的产物。德国社会学家 M. 韦伯较早阐释和分析了官僚制。他认为，任何组织都是以某种权力为基础的，合理—合法的权力是官僚制的基础；它为管理活动、管理人员和领导者行使权力提供了正式的规则。

与业务之间的关系开始合二为一，IT 即业务、业务即 IT，如数字银行和互联网金融公司。那么，在数字服务的产生和生产过程中，不再需要更多的人力而是依靠信息基础设施、自动化和人工智能等技术。数字中台也强化了整个企业的信息和数据流转能力，以前依靠人力进行的信息和数据转移，现在通过互联网网络和数字中台枢纽就可以很容易地实现。

（三）科技创新是数字经济发展的驱动力

2016 年 G20 报告指出，"数字经济是使用数字信息和知识作为生产的关键要素、以现代信息网络作为重要的活动空间、以信息与通信技术的有效使用作为生产率增长和经济结构优化的重要驱动力的各类经济活动"。数字经济的内涵从简单的新经济、网络经济演变至今，已经形成多层次、广包容并能够清晰地区别于以往经济时代的内涵界定，其外延拓展至基础设施、数字交易、电子商务和虚拟经济四个层面，其演变过程大致可以分为数字建设、数字生产、数字网络发展和数字社会四个阶段，并在不同阶段孕育出区别于以往经济形态的独特规律。

数字经济是一种以新技术、新产业为支撑的经济。经济增长理论一般将经济增长的源泉归结为资本、劳动、技术等因素，与传统经济相比，影响数字经济成长的资本、劳动、技术等因素具有新的特点。

一是资本要素具有新的特性。第一、第二次工业革命时代，资本表现为物的被动的特性，是人类征服和改造的对象，第三次工业革命虽然带来了数字化制造和生产过程的信息化管理，但没有从根本上改变资本为"物"的特性。第四次工业革命将实现全过程、全领域的智能化。何谓智能化？智能化与自动化的区别在于，前者有自主学习的能力。随着智能化的发展，资本会因而获得"生命"，因此在智能化时代，企业与企业之间的竞争、国家与国家之间的竞争，就不仅取决于资本数量的多寡，更取决于资本具有何种类型的智能和何种质量的学习能力。

二是劳动者的地位出现新的变化。就业市场上的竞争，不仅表现为人与人之间的竞争，还表现为人力资本与智能机器人的竞争。人与机器的竞争，在第一次工业革命发生时已经出现，第四次工业革命却使人与机器的竞争性质发生了根本变化，这种竞争不仅体现在体力劳动上，而且还会出现在脑力劳动领域，机器不仅可以替代人的"手"，而且可以替代人的"脑"。

三是创新将呈现出多点、多处、多国、多层次的分布式创新特征。在数字经济条件下，全球创新的速度将大幅度提高，新技术的产生、扩散、拓展速度将空前增加，对技术进步方向的预测难度也空前加大，这些都要求人类利用和学习新技术的能力有一个大的提升。数字经济时代的创新具有全新的特点，大量的创新由过去的采摘果实类创新转向重组式创新，创新速度大幅度提高。

资本、劳动以及技术创新的上述新特性，决定了数字经济将是一种终身学习型经济，提升社会的学习和创新能力将成为一个国家是否能在经济竞争中赢得优势的关键。影响这种能力的因素虽然很复杂，但一个国家可利用或动员的知识资本存量无疑具有决定性作用。加强国际合作，同时利用好国际和国内两个知识资源池，是扩大一国可利用知识资本存量最有效的办法。而且第四次工业革命的最大特点是重组式创新，这一创新模式为中国加强国际合作开创了新空间，可在一定程度上避免因产业升级带来的贸易摩擦，因此，从创新的视角来看，扩大开放是加快数字经济发展的必然要求。[①]

（四）数字生态竞争优势理论

数字经济时代的历史性机遇，中国学者提出了新一代世界级管理理论。

1. 新一代企业管理理论的提出

中国在世界制造经济时代属于跟随者，但随着全球进入互联网和数字经济时代，中国已经从跟随者转为创新者甚至先驱者和领导者，中国作为全球第二大数字经济市场的地位为诞生新一代企业管理理论奠定了时代和实践的基石。中国人民大学商学院易靖韬教授等研究了近年来蓬勃发展的中国及全球数字平台的商务实践，结合跨国公司管理战略在全球首次提出了数字生态竞争优势（Ecosystem-Specific Advantages，ESA）理论。首篇系统阐述 ESA 理论并应用于跨国公司战略及国际企业管理的论文《国际数字商业中的数字生态竞争优势》于 2019 年 8 月发表于《国际商业研究学术期刊》（*Journal of International Business Studies*，JIBS）的 50 年特刊并作为开卷之作。

2. 数字时代为新理论的思想之源

哈佛大学教授迈克尔·波特提出了竞争策略和竞争优势理论，然而，其理论研究是基于美国、日本等发达国家的企业成长实践，特别是制造企业和制造经济的管理实践，随着全球逐渐进入互联网时代以及今天的数字经济时

---

① 张其仔. 在进一步扩大开放中推动数字经济发展［N］. 光明日报，2019-04-09（11）.

代，特别是在制造企业和制造经济遭遇历史性天花板后试图转向数字制造服务经济的时代大背景下，波特的竞争理论逐渐失去了时代的意义。

历经 40 多年的改革开放，制造业很少产生全球范围内的最佳实践范例，国内最成功的制造企业代表公司——福耀玻璃工业集团股份有限公司（以下简称福耀集团）和青岛海尔集团（以下简称海尔集团或海尔），也是全面深入地采用了西方的管理理念。中国如今已经有了全球范围内最佳数字经济的实践典范，如华为技术有限公司（以下简称华为）、腾讯科技股份有限公司（以下简称腾讯）、阿里巴巴集团（以下简称阿里巴巴）等一批世界级优秀企业已经处于全球引领地位。随之相适应，国内的学术研究水平也达到了国际水准、本土管理学界的理论构建能力有了很大提高，可以说中国管理学者提出有国际影响管理理论的条件已经成熟，中国已经能够创造出有影响力的下一代企业管理理论。

3. ESA 数字生态竞争优势理论

ESA 数字生态竞争优势理论是对波特竞争优势理论的颠覆，主要研究数字经济中的竞争策略，表现形式是竞争主体将从企业走向生态、未来的竞争形态更多表现为生态系统之间的竞争，而生态的优势是单个企业所无法具备的，这将给企业的生存和发展带来颠覆性的冲击，也将改变从现在到未来的企业竞争格局。易靖韬表示，传统的波特竞争是博弈及零和效应，而生态却是共生和利他关系，因此 ESA 理论在未来具有更强的生命力，也从另一个角度解释了占世界经济支配力量的数字经济的运行方式和理论逻辑。

学术界认为 50 年为一个阶段，将会形成新的商业形态，过去的商业形态是以企业为主体，特别是表现在网络状的跨国企业，而现在的新商业形态则是生态系统，生态系统主要以数字平台为载体。ESA 理论将数字平台定义为具有模块化架构、为促进用户和提供互补产品和服务的服务商进行多边交易而提供接口的平台。有些数字平台全部依靠数据流动而进行线上运营，有些则把线下资产和操作与线上运营相结合。

传统意义上的企业竞争策略，早期以研究国家和产业层面居多，到了企业层面发展成为定位战略。传统行业的进入壁垒高、边界定位清晰，行业内部已然充分竞争，而要形成竞争优势就要建立差异化战略或成本领先战略，企业需要提供更便宜、更好、更有吸引力的产品和服务。企业可以围绕从研发、设计、生产投入到营销、售后服务的价值链进行定位战略设计，优化配置自身资源在具有竞争力的环节做到极致，培育和发展可持续的竞争优势，如海尔早期以售后服务著称而形成的海尔竞争优势。

数字企业的内生需求就是撬动规模效应，从而赚取更高收入并降低运营成本，跨界竞争成为必然趋势。与波特竞争理论不同，数字经济竞争所形成的流动行业边界导致市场竞争具有很强的发散性，在市场上很难锁定具体的潜在竞争对手，因而定位战略的实施具有很强的不确定性甚至被颠覆性。

ESA 理论强调，在数字经济前提下，行业边界不清晰、企业内生的业务网络效应以及竞争格局的不确定性，说明只有生态系统才能形成生命力。生态系统形成竞争优势主要通过以下几个途径：①整合互补性的外部资源；②有效配置资源、发挥资源的互补性和网络外部性；③高效的激励机制设计激活资源利用效率和配置效率，使得差异化的合作伙伴能够协同创新为整个生态系统共创价值。而生态系统以数字平台作为支撑，结合 2016 年马云提出的中台概念，形成前台、中台和后台格局的生态系统，中台则支撑前台需求端、整合后台供应链和生产制造端，让前台需求快速匹配后台供应链、让后台供应链自动响应前端需求，从而大幅提高整体效率。以中台为支撑的生态系统的提出具有鲜明的中国特色，因此这些本土孕育的商业实践为 ESA 理论指导中国实践提供了强有力的落地抓手。

与传统网状的跨国公司相比，数字生态系统的价值创造需要差异化的合作伙伴协同创新为平台生态整体创造更大的价值，即价值最大化；而传统的跨国公司则是嵌入网状关系中，需要通过协同生产来获得更低的成本，即成本最小化。生态为多边结构，且生态领导者为生态的协调者和编排者，生态的合作伙伴来自不同行业且具有互补能力，生态的目标是为整个生态系统进行价值共创；传统网状的跨国公司结构为中心辐射型、轴心公司为经纪人角色，合作伙伴是同一价值链的上下游公司，其目标是获取网络中的资源并为轴心公司进行价值捕获。因而，数字生态竞争优势理论显著有别于传统的跨国公司理论，成为引领数字型企业和数字经济的全球发展的新的基石。

当前，全球数字经济蓬勃发展，我国数字经济总量已突破 30 万亿元，而大数据、区块链等信息技术正成为数字经济的基础性设施。方兴未艾的中国数字经济实践，为新一代企业管理理论奠定了基础，也为中国管理学者们创造了历史性的机遇。ESA 理论获得国际认可，也将激发国内企业对数字经济时代的管理再思考：从企业竞争走向生态竞争、从零和竞争走向共赢竞争、从单边思维走向多边互惠互补，波特战略或不再适用于未来竞争，一个新的竞争时代正在来临。

第二节 中国企业对外直接投资的背景与环境

一、国际政治、经济环境分析

（一）国际政治、经济环境发生了巨大变化

国际间的政治、经济的不确定性主要表现在国际贸易与投资中的政治因素打压经济贸易，多边贸易规则面临改革的不确定性；中美经贸关系紧张，摩擦的不确定性的影响等。近年来，资本主义经济与治理危机凸显，世界经济失衡加剧，"逆全球化"思潮泛滥，金融资本主导的新型全球化停滞不前，技术跨国转移出现重重障碍，冷战思潮死灰复燃，不同文化、宗教与意识形态之间的分歧有增无减。此外，全球化的意外后果以及利益分配不均问题成为全球各国（尤其是发达经济体）高度关注的话题，一些主要经济体正在酝酿出台法规来加强对外商投资交易的审核，当所涉技术具备重要的战略意义时尤为如此。

全球政治经济格局演变、经贸规则制定带来重要影响。科技革命给我们创造了全新的、需要人类去重新审视和制定规则的空间。这是一个目前全球都不曾触碰的新技术规则空间，也是一个所有人都该认同与参与的，互联网国际秩序规则。

2020 年以来的经济形势主要呈现出四大特点：第一，增长放缓。2020 年全球经济增长速度会从 2019 年的 3.5% 降到 2020 年的 3.0%（原先的机构预测）；由于"新型冠状病毒肺炎"（以下简称"新冠肺炎"）疫情的影响，部分经济机构预测：美国、欧洲全年将是 4%~5% 的负增长，甚至更低。第二，格局分化。不同的经济体增长状况差别很大。一些新兴经济体确实出现了经济增长乏力，其中既有内部的原因，也有外部的原因。全球大宗商品的价格，尤其是原油价格、初级商品价格出现了大幅下跌，给很多依赖初级商品出口的经济体造成了较大影响。价格回落后，出口收入减少，汇率贬值的压力会加大。第三，科技革命。数字化、科技化的产业互联网时代加速来临。大数据互联网、社交媒体、人工智能等在大智能于全球化中铺开时，信息技术的进步正以前所未有的速度发展，正在改变国际间的贸

易与投资。第四，全球债务性风险在上升。所以，在不同的国家可能存在着不同的风险，高负债、高杠杆的风险同时存在。经济大国美国经济政策的不确定性，如要求制造业回归美国、美联储的货币政策等；欧洲经济的不确定性在"新冠肺炎"疫情的影响下雪上加霜。

（二）全球化放缓，区域化的发展受到关注

全球化的概念非常宽泛，包括商品、资本、人员以及思想的流动，每一种在最近几年都被广泛讨论过。笔者认为，在贸易等领域的全球化肯定会相比前些年放缓，这是无法避免的，但全球化的这一趋势不会停止，因为它意味着太大的利益。需要强调并认真考虑的是，从长期来看，思想、知识和技术自由流动的阻碍将成为全球化的一个严重问题。无论是在美国还是在中国，经济增长和生产率的提高都依赖知识和创新。事实上，我们这一代所经历的全球经济腾飞有相当一部分是中国、巴西、土耳其、印度尼西亚等新兴经济体快速增长的贡献，它们的出色表现在很大程度上源于信息与知识从相对富裕的国家流向相对贫穷的国家，如学者之间的互相交流。在这个过程中，所有国家都是受益者。但这次"新冠肺炎"疫情的出现，由于太多政治因素卷入其中，疾病的性质、疫苗的开发、准确的检测等信息的分享有相当大的阻碍。

全球化企业、全球化资本绝不甘于无所作为，它们一定会寻找一切生存之道，跨国企业、跨境电商在困境和挑战中，必将奋力挖掘市场突围的各种商机和商业模式创新的机会。笔者坚信，由于今后谁也阻挡不了新经济独特的商业创新模式和强烈的生存意识，成为经济下行中转危为机的能力。全球化永远不会"走向终结"。

我们一定要关注区域化的发展变化，中国商务部 2020 年 3 月 13 日发布消息，将与日韩共同推动 RCEP 协定如期签署生效。RCEP 即由东盟十国发起，邀请中国、日本、韩国、澳大利亚、新西兰、印度共同参加（"10+6"），通过削减关税及非关税壁垒，建立 16 国统一市场的自由贸易协定。后来印度选择了退出，RCEP 实际上变成了以中国为核心的一个区域自由贸易协定，因为在所参与的国家里面，90% 的国家的第一大贸易伙伴是中国。这将对未来中国的国际经济合作、国际战略、地缘政治等寓意深远。

（三）美中贸易摩擦使中国外部投资环境发生深刻变化

中国外部经贸环境正遭遇到百年未有之大变局。其一，因为美联储货币政策的调整，它有很强的溢出效应，新兴经济体的国际收支面临风险。其二，美国贸易政策的风险。从 2017 年开始，美国和很多国家发生了贸易冲突，其中影响最大的，毫无疑问是中美贸易冲突。它的影响不仅在于中美双边贸易，而且对全球生产价值链的稳定、安全运行影响深远。

虽然中美之间达成了第一阶段协议，但中国对外投资环境并没有得到改善，欧美国家对于中国海外投资的审核和限制正变得日益严厉，2019 年，我国对外全行业直接投资 1171.2 亿美元，同比下降了 9.8%。

在经济、技术、人文交流方面，中美双方都在减少对对方的依赖。中国在对美国贸易、投资、金融、技术等领域，更加强调自主创新。我们不希望中美经贸、技术脱钩，但正在为此做思想和物质的双重准备。中国需要的产品，不管是 5G、航空发动机或者其他，应该自己制造。美国人也在警惕，如美国现在进口中国很多的医疗产品和药品，也想减少对中国的依赖。未来，中美第一阶段贸易协定执行难度更大，经济和技术逐步脱钩已是难以逆转的趋势，各方面的交流也将进一步压缩。笔者不认为"新冠肺炎"疫情本身会对全球产业链造成巨大影响，真正影响到布局的还是美中贸易战：关税和进出口限制让一些美国公司越来越难把中国当作面向美国本土和全球市场的生产基地。这是 20 世纪 70 年代初中美建交以来最困难的一个阶段。

这些影响因素在近几年不会出现大的逆转，在全球价值链收缩和全球跨境投资持续低迷的情况下（2016~2019 年，全球跨境直接投资同比分别下降 5.4%、21.9%、6% 和 1%），2020 年中国企业对外投资额将大概率继续下降。

（四）全球外国直接投资整体下降

全球投资贸易下降。一年多来，美国保护主义对全球经济的负面影响开始显现。欧元区采购经理人指数迅速下降的主要原因是新订单指数下跌过大。在数据方面，欧洲和日本以及美国之间的投资、贸易呈现下降甚至下降的趋势。欧洲 2020 年 2 月采购经理人指数为 49.2，为 68 个月来的最低水平。日本原本寄望东京奥运会能够提振经济，结果随着"新冠肺炎"疫情升级，奥运会被延期到 2021 年 7 月，这对日本经济又是一记重创。

新兴经济体这几年成为全球经济增长的主要贡献者，但是经济增速也明显放缓。中国经济增速在 2019 年增长了 6.1%，创下了 20 多年来的新低。印度最近几年高速增长，一度成为全球增长冠军，但是从 2019 年开始，印度神话也开始破灭，从将近 8% 的增速断崖式下跌到 5%，也是 10 多年来的新低。面对各自的困境，主要经济体都在寻找新的办法和出路，但除了放松财政和货币政策，也并没有太有效的办法。2019 年以来，已经有几十个国家集体降息刺激经济，已经不难看出当前全球经济的疲软程度。

（五）"新冠肺炎"疫情使得国际投资环境更加复杂严峻

刚刚过去的 2019 年，全球经济原本就已经疲态尽显，主要经济体大都创下近年来最低增速。随着"新冠肺炎"疫情席卷全球，2020 年全球各国经济活动将不可避免地大幅收缩，对全球的产业链、供应链产生严重冲击。

为了保护本国居民，各国之间会加强入境管制，国与国之间的很多经济活动将接近停摆，旅游、教育、投资等都会大幅萎缩，脆弱的全球经济很难承受这样的打击。各国经济政策在疫情期间和疫情之后将会更加强调自力更生。就其广泛的经济意义而言，这在一定程度上会减少对外部产品和服务的依赖。当然，这并不意味着各国要回到闭关自守自给自足的状态，但各国减少经济上对外依赖是一个新趋势。全球化时代，没有一个国家可以脱离别国而单独存在，当全球经济的活力从内到外都开始萎缩，经济增长将会螺旋式下降，全球经济大衰退也绝非危言耸听。

从经济全球化的全局看，在经历了一个快速发展的黄金时代后便进入"疫情后时代"（"新冠后时代"）。未来，国际社会还将会有更多类似的震动。各国在经济政策上的选择、经济发展上的水平、经济结构上的差别会有更多的差别。当前这场全球蔓延的疫情，对人类的智慧也是一个考验。只有全球携手合作，而不是以邻为壑，才是解决这场危机的真正出路。决定中国企业"走出去"的是趋势性的因素，"新冠肺炎"疫情的影响在历史的长河里还是短期的。

总之，上述的挑战使得企业面临着快速多变的外部环境对企业内部决策效率和准确率提出挑战（如各种灰犀牛和黑天鹅事件，中美贸易战带来的关税和制裁、"新冠肺炎"疫情带来的经济活动暂时停摆）等，使得对外投资企业面临的外部环境更加复杂严峻。全球经济贸易体系会被危机深刻重构，要素、商品、服务的全球性流动将进行重组，而中国处在大旋涡的中心，未来的发展方向也将有更多的不确定性。

二、国内政治、经济环境分析

在近二十年的理论与实践探索中发现，在人民币升值趋势、政府鼓励支持和巨额外汇储备和良好条件下，即使国内整体产业结构尚不先进尚需调整，大量中国企业仍然选择主动进行对外投资，呈现出独特的多元化的投资动机，也体现出了不同的区位特征。传统的以开拓国际市场和降低生产成本为目的的对外直接投资，在区位上突出体现在向欠发达的发展中国家投资，这同时也能缓解贸易顺差过大和贸易摩擦和壁垒的问题。而以开发境外自然资源为追求的对外直接投资，在区位上主要集中在中东、北欧和南美。此外，以取得先进技术为目的对外直接投资，在区位上主要集中在欧美，意在通过对外直接投资获取逆向技术溢出进而占领国内市场并促进国内产业结构升级。而中国的"一带一路"区域性投资除获取市场与资源外，还具有分散外汇资产风险并提升本国政治经济影响力的重要作用。

（一）政治法律层面进一步引导和规范了境外投资

政府为了加强境外经营的合规管理，采取了一系列帮助企业稳步提升"走出去"的支持手段和保障措施，统筹处理好政府、市场、社会与企业的关系。

1."走出去"政策制度体系逐步完善

中国企业充分利用境外自由贸易区、经济合作区、保税区的平台功能，越来越重视致力于发展对外经贸互利的合作，把自由贸易区建设提升为国家战略，提出构建以周边国家为重点和立足点、以"一带一路"为依托、以全球为导向的高标准自由贸易区的战略发展格局。

在国内政策上，政府不断完善外商投资体制。例如，《关于进一步引导和规范境外投资方向的指导意见》（国办发〔2017〕74号）、《企业境外投资管理办法》（发改外资〔2018〕11号），在简政放权的同时进一步规范企业境外投资改革。加强对境外投资企业的事后监管，使中国企业的境外投资更加方便、安全。同时，国家改革发展委等发布的《企业境外经营合规管理指引》（发改外资〔2018〕1916号），强调海外经营活动全过程、全方位的合规性。

2. 支持民企发展上升到国家战略层面

首个系统支持民企改革发展的中央文件，表明对民企发展的重视已上升到国家战略层面。2019年12月22日《中共中央国务院关于营造更好发展环境支持民营企业改革发展的意见》（以下简称《意见》）对外发布。《意见》围绕优化公平竞争的市场环境、完善精准有效的政策环境、健全平等保护的法治环境等七个方面推出一系列举措，为进一步激发民营企业活力和创造力、促进民营经济发展注入了强劲的推动力，对进一步增强民营企业改革发展信心的战略定力，激发民营经济活力等方面将大有裨益，也将带动中国经济进一步发展。

（二）中国与世界之间的经济联系正在悄然改变

自中国开始建立与世界各国的经济往来、拥抱市场机制，并积极接纳全球最佳实践以后，中国经济便迈入了腾飞阶段。中国企业数量达到 129 家（包括港澳台企业），历史上首次超过美国（121 家），无论作为外国直接投资（FDI）的目的国还是对外投资来源国，中国都已跻身全球前两位。

根据中国商务部的数据，2010 年以来，全球范围内的中国企业总数从 10167 家增长到 37164 家，保持着大约 16% 的年增速。其中一些已成长为全球性企业。虽然中国海外企业在中国境外的营业收入有所增长，但即使是其中的一些全球性企业，其海外营业收入的比例仍不足 20%。相比之下，标普 500 企业的平均海外营业收入比例则高达 44%。另外，2018 年度全球最具价值品牌 100 强中仅有一家中国企业——华为，位列第 79 位，品牌价值为 84 亿美元。这里的数据表明，中国的对外直接投资还有很大的潜力可挖、很长的路要走。

2019 年，中国对世界经济增长贡献率达 30% 左右，持续成为推动世界经济增长的主要动力源。人均 GDP 突破 1 万美元，意味着我们的经济规模更大，塑造更有利于我国的国际发展环境的能力增强，中国作为世界第二大经济体地位更加巩固。14 亿人口的巨大国内市场为基础和后盾，为我们进一步拓展国际市场，也为世界各国拓展商机提供了重要机遇。

（三）对外直接投资的方式和结构持续优化升级

在我国对外投资的起步阶段，投资重点是资源、能源和基础设施产业，这些产业需要大量资金，不够灵活，具有很大的局限性。但从近年的数据看，我国对外直接投资更注重高质量发展，政府政策在严格控制项目资金等流向境外的房地产业、体育文艺等高风险行业，这进一步说明我国对外直接投资进入理性的调整阶段后，风险较高的行业投资出现了零增长，也表明中国对外直接投资更趋理性，投资的风险有所下降。

2018 年，中国对外直接投资涵盖国民经济的 18 个行业大类，其中租赁和商务服务业、制造业、批发和零售业、采矿业，占比分别为 37%、15.6%、8.8% 和 7.7%。流向第三产业的对外直接投资 842.5 亿美元，同比增长 3.6%，占 69.9%，4 行业投资占比近七成。流向信息传输、科学研究和技术服务、电力生产、文化教育等领域的投资快速增长。租赁和商务服务、批发零售、金融、信息传输、制造和采矿六大领域存量规模均超过千亿美元，总规模占中国对外直接投资存量的 84.6%。

我们也清楚地认识到，像印度这样的发展中国家也将成为中国市场的竞争压力。它们也正在加快工业化、城市化的步伐，实现其现代化。因此，采取的政策必然是跟中国学习——改革、开放，这在无形中就成为中国企业在资源、市场、人才、技术等诸多方面的竞争对手，同时也形成了新的竞争压力。

走出去智库（CGGT）也发现，虽然 2019 年前六个月中国企业海外并购出现了量增价跌的趋势，但海外标的企业具有不可替代的竞争优势，中国企业通过海外并购来提升自身在全球产业链中的地位是企业国际化和转型升级发展的要求。因为当前日益复杂的国际国内经济形势，使得对外投资面临着各种政策的制约。

（四）对外直接投资的目标行业选择发生变化

"一带一路"倡议需要跨越不同的地域、不同的发展阶段、不同的文明，涉及很多国家的宏大建设，需要获得各方认同，达成广泛共识，投资国则根据不同国家的特点制定不同的投资方案。我们知道，"要想富，先修路"，只有道路畅通，才能人畅其行，物畅其流。例如，雅加达—万隆高速铁路项目就是一个典范，目前推进非常顺利。这条铁路修好后，在途时间将从原来的 3 小时缩短为 40 分钟。由此可以发现，除了巴基斯坦的瓜达尔港，还有希腊最大的港口、我们现已接手经营的比雷埃夫斯港进展也非常好。它的世界排名也从原来的 93 位跃升到现在的 36 位，设施联通经过这几年的发展已取得了明显的进展。

同样地，依靠东南亚优越的航运条件和丰富的水资源等优势，柬埔寨的甘再水电站 BOT 项目和印度尼西亚的许多水电项目都是由中国投资推动的。新加坡作为受"一带一路"投资影响最大的国家之一，以其独特的地理优势和海上枢纽地位赢得了中国投资者的青睐。

在中亚、西亚和中东地区，由于石油资源储量巨大，我国企业主要投资于能源、物流货运等行业和农副产品等。

俄罗斯幅员辽阔，拥有大量的油气资源，我国企业利用这一天然优势，投资主要集中在油气开发、林业资源利用和轻工业发展。蒙古国在畜牧业、矿产开采和加工业方面具有天然的优势，中国的投资就主要集中在矿产，并辐射到农产品加工、基础设施建设等方面。

（五）对外投资的规模逐步扩大

随着"走出去"战略的推进，中国对外投资规模也在不断扩大。中国企业足迹遍布全球，涉足的国家和地区由 2003 年的 139 个扩展到 2018 年的 188 个。2019 年 1~9 月，中国企业共实施完成跨境并购项目 247 起，分布在芬兰、德国和秘鲁等 50 个国家（地区），涉及制造业、信息传输 / 软件和信息技术服务业等 16 个行业大类，实际交易总额 281.1 亿美元。2019 年 1~11 月，超过 60% 的对外直接投资流向租赁和商务服务业、制造业、批发和零售业。房地产业、体育和娱乐业对外投资没有新增项目，非理性投资得到遏制。

有两点需要特别关注：① 2008 年中国对外投资突破 550 亿美元。② 2016 年中国对外直接投资额超过外商对中国的投资规模；此外，2017 年的对外投资额为 1582.9 亿美元，同比下降超过 19 个百分点，对外直接投资流量出现十年中的首次下降，如图 1-1 所示。

图 1-1　2008 ~ 2019 年中国对外直接投资流量变化情况

资料来源：商务部对外投资和经济合作司，http：//www.mofcom.gov.cn/article/tongjiziliao /dgzz/ 202001/20200102932441.shtml。

据商务部、外汇局统计，2019 年，我国对外全行业直接投资 1171.2 亿美元，同比下降 9.8%。其中，我国境内投资者共对全球 167 个国家和地区的 6535 家境外企业进行了非金融类直接投资，累计投资 1106 亿美元，同比下降 8.2%，降幅较 2018 年缩小了 1.4 个百分点。对外直接投资结构呈现持续优化，主要流向租赁和商务服务业、制造业、批发和零售业。

商务部数据显示，2020 年 1~2 月我国境内投资者共对全球 147 个国家和地区的 1733 家境外企业进行了非金融类直接投资，累计实现投资 1078.6 亿元，同比增长 1.8%。其中，我国企业对"一带一路"沿线的 48 个国家有新增投资，合计 27.2 亿美元，同比增长 18.3%。

（六）海外并购稳中提质

2018 年，中国对外投资并购健康发展，共实施对外投资并购项目 433 起，涉及 63 个国家和地区，实际交易总额 742.3 亿美元。安永会计师事务所 2019 年 8 月发布的《2019 年上半年中国海外投资概览》显示，中企海外并购主要流向高技术含量和高附加值的新兴产业、高端服务业和消费品行业。

2019 年，中国企业实施完成跨国并购共计 404 起，较 2018 年减少 29 起；总交易额 307 亿美元，较 2018 年下降了 58.6%。2019 年，跨国并购投资额占对外直接投资总额的比重为 27.8%，所占比重较 2018 年增长了 6.1 个百分点。亚洲和大洋洲超越欧美成为最受中国企业欢迎的海外并购目的地，中国企业在对外投资上变得更为理性、专业，风险意识有所增强。

（七）对外投资主体日趋多元化

在非金融投资领域，国企是我国对外直接投资的主体。2018 年"一带一路"的非金融部门公有制企业投资总额超过 1500 亿美元，占中国非金融投资存量的 68.4%，非公有制企业投资额不足一半。这些非公有制企业主要分布在北京、珠江经济带和长江经济带，而华中、华北、西南、西北地区企业的投资额度相对较少。

2019 年胡润中国跨境并购百强榜指出民企仍是跨境并购主力军，50 强中，六成是企业投资，以吉利收购戴姆勒、海尔收购斐雪派克为代表；四成是投资机构投资，如表 1-1 所示。

表 1-1　2016~2018 年国有企业、民营企业跨境并购交易占比情况　　　　单位：%

年份	2016		2017		2018	
	交易宗数	交易金额	交易宗数	交易金额	交易宗数	交易金额
国有企业	34	46	28	40	28	47
民营企业	66	54	72	60	72	53

资料来源：胡润研究院，易界 DealGlobe.2019 胡润中国跨境并购百强榜［R］.2019.

　　在我国跨境资本并购中，国有企业正在减少海外交易的布局，将更多的注意力转向内部重组和国内市场。2018 年我国对外非金融类投资流量中，非公有经济控股的境内投资者对外投资占 48.7%，公有经济控股大约占 50%。由此可见，在对外直接投资主体的分布上，公有经济控股主体对外投资规模高于非公有经济控股主体。

（八）中国企业进一步融入全球产业链、供应链

　　目前，中国市场占全球市场份额大约为 16%，诞生一批国家级乃至世界级"领导品牌"企业都离不开全球大市场。

　　中国在"全球价值链"各要素的流动中起到了重要的作用，例如，在汽车产业上与很多国外工厂合作就能说明这一现象。如果我们所有的生产要素都由中国工厂来生产，中国不可能成为世界第一大汽车生产国。这意味着，我们需要与国际市场上的外国企业进行合作，利用各国不同的成本优势，将所有的区域潜力和生产要素都激活出来。

（九）中国优势产业输出是大势所趋

　　在移动互联网发展的当下，诸多技术创新已然超越欧美等发达国家，新兴高科技产业迅速崛起，中国优势产业输出成为必然。随着中国在国际上的影响力日益增强，以及政府大力推进"一带一路"政策，使得一批国内互联网企业借机"出海"发展。海外几十亿互联网用户蕴藏着巨大的市场和机会，使得越来越多的中国互联网企业开始"走出去"。目前，南美、非洲和东南亚等地仍处于移动互联网的爆发前夜，这些新兴市场发展机会非常大。尤其在 5G、大数据、AI 和云计算等创新技术越发成熟的今天，于电商、直播、短视频等互联网平台而言，也大大加速了"出海"创新的意愿和速度。

（十）"一带一路"倡议的新规则、新内涵

中国经济发展在过去的岁月里分享了全球化的红利，但目前这种红利正在减弱，一种"逆全球化"和区域化的新趋势正在兴起。世界经济稳定发展的核心是双赢、多赢、共赢，而不是单赢。要不断寻求各个国家之间的最大公约数，扩大相互之间的合作，最后达成共识，推动全球治理体系的变革。"一带一路"倡议在宏观层面至少有四个方面取得了重大的进展，或者说有积极的意义。

1. "一带一路"倡议立足合作，意在共赢

"一带一路"倡议基于合作理念，而这一理念的本质就是认为合作要优于对抗和施压。此时此刻的世界危机四伏，全世界范围内的不少地区都陷入了紧张状态，单边主义和保护主义抬头，一些国家的政策也出现了倒退。在这样的背景下，"一带一路"倡议立足合作，立意深远。这一倡议的内核是两个关键词：和平与平衡。合作之路通向和平，"一带一路"意在共赢。对于参与"一带一路"倡议的国家，最重要的就是在倡议中找准自己的定位，运用好合作精神，寻求惠及各方的解决方案。由中国发起的"一带一路"倡议对世界而言有着非常积极的意义。如果我们看待这一倡议的视角是寻求多边的合作与平衡，那么就会得出一个积极乐观的结论——谁想要实现多方共赢，谁就应该积极地参与到这一倡议中来。

2. "一带一路"使得国与国之间能够寻找到更多利益交汇点

世界上没有任何一个国家具备生存与发展的所有资源和条件，国与国之间必须开展经济往来，完成资源交换，从而实现各国的比较优势。在互利互惠的基础上，中国与世界所形成的共同体如此重要有三个方面的原因：第一，网络技术的发展使人们更加重视各国的联系。第二，我们今天比以往更强调共生和协同，国家间在全球背景下只有共生和协同才能解决所产生的问题。第三，中国是一个巨大的经济体，其吞吐生产力要素的能力将越来越强。

3. "一带一路"为现有治理机制注入了新的内涵

"一带一路"倡议是对抗"逆全球化"、降低世界发展风险的重要倡议，关系到人类的发展前景。如果中国不去打通亚欧、南亚等陆路通道，中国就要从海洋上绕行数千公里，去跟欧洲、中东、印度等国家做生意，中国跟这些国家的陆路链接优势反而一点都体现不出来，过长的海洋航运线路给中国未来应对诸多风险带来巨大的挑战。此外，基础设施中的互联互通，最近又增加了两通：电通和网通。用特高压输变电体系把电送到 5000 公里以外，速

度最快、时间最短（在这一领域中国有绝对优势）。现在的泛亚高铁，从昆明可以直接到雅加达；欧亚高铁的俄罗斯段已经开工建设；正在构建的空中走廊等。总之，我们在构建一个发达的基础设施体系，这样中国的产品、资本才能"走出去"。

4. "一带一路"是均衡世界发展格局的担当

当今全球经济与社会发展极不均衡。目前，全球有高度发达的"三极"，即北美、欧洲与东亚地区，而在欧洲与东亚之间的欧亚大陆内部，存在大量的落后国家与地区。通过互利合作与打造利益共同体，可在一定程度上提高这些欠发达国家或地区的发展水平。此外，国际恐怖主义的滋生往往与贫困存在着相当大的联系，通过合作发展经济来改变贫困落后国家与地区的面貌，是打击国际恐怖主义的一个重要手段。虽然内部还存在较大的区域发展差距，但经过较长时期的高速发展，中国目前已经具备了一定的国际援助能力，能为均衡"一带一路"国家与地区的发展做出力所能及的贡献。

5. "一带一路"从根本上改变着人们对全球化的认识

"一带一路"倡议成为共同发展的合作平台和市场网络。沿线国家在平等合作的实践中发展并规范规则，构建伙伴关系，增加了在经济全球化下国际市场的参与度，在国际投资合作的这个重要阶段发挥了良好的、积极的作用。倡议促进了国家及区域间的战略对接，同时也是中国新一轮高水平对外开放、推行互利共赢原则的重要平台。

众所周知，对外直接投资的战略意义在于要求中国企业抓住这个机会更好地利用国内、国际两个市场，不断优化资源配置，缩小发展差距。随着我国对外直接投资多元化实践的日益活跃，我国对外直接投资正逐步走向从"市场换资本"到"市场换空间"的战略转折。中国企业对外直接投资未来趋势下，政府所推动的政策框架设计和战略模式选择在我国对外投资中扮演着尤为重要的角色。

我们一定要坚定支持多边体制的改革，多边体制某种意义是对弱小国家利益的一种保护，同时大国在多边体制下应该是一种约束。针对现阶段所面临的世界贸易组织（WTO）改革，各方形成了一项共识。世界贸易组织的改革需要各国合作推进，现有的世界贸易组织内部机制应该得到支持和改进，而非抛弃。同时，世界贸易组织框架下的CPTPP等多边贸易体系也对全球经济的整体发展有着重要作用。[①]

第三节　中国企业对外直接投资的主要地区与类型

一、中国企业对外直接投资的主要地区

（一）欧洲、亚洲、北美洲为主要投资区域

从海外投资的区域分布看，2018 年中国企业海外投资主要集中在欧洲、亚洲和北美洲，分别占 33%、30% 和 22%，中国企业在全球 189 个国家（地区）设立对外直接投资企业共 4 万多家，覆盖全球 80% 以上的国家（地区）。

从中国商务部的统计数据看，2019 年前三季度，中国对外直接投资在亚洲和欧洲及"一带一路"沿线国家的投资份额逐步增加，对北美洲地区的投资份额继续减少。但是，由于发达经济体拥有良好的投资环境，今后我国对发达经济体的投资仍会保持。从近几年的投资趋势看，中国对拉丁美洲的投资份额将会持续增长，而对非洲的投资也将呈现稳中向好的态势。

（二）亚洲地区的投资机会受到关注

中国企业越来越关注亚洲的机遇。2019 年上半年，中国在东南亚地区的投资和建设总额已经回升至 111 亿美元，几乎相当于 2018 年下半年承诺金额的两倍。虽然能源、金属和交通等传统行业仍在投资项目中占较大比重，但中国在东南亚地区的投资正在扩大至科技、娱乐等领域。对阿里巴巴集团和腾讯控股来讲，东南亚已经成为一个特别有吸引力的投资市场，2018 年东盟地区的互联网用户数量约 3.5 亿人，是继中国和印度之后的第三大用户群体，网上购物已成为东盟地区重要的购物渠道。在未来两年内，其整个市场将达到 400 亿美元。阿里巴巴集团已经在亚洲参与了价值超过 28 亿美元的交易，超过了同期在美国投资的 4.97 亿美元。相比之下，腾讯控股在亚洲的交易中

[①] 2018 年 3 月 8 日，参与"全面与进步跨太平洋伙伴关系协定"（CPTPP）谈判的 11 国代表在智利首都圣地亚哥举行协定签字仪式。签署 CPTPP 的国家有日本、加拿大、澳大利亚、智利、新西兰、新加坡、文莱、马来西亚、越南、墨西哥和秘鲁。

投入近 10 亿美元，是其同时承诺在美国投资 2.5 亿美元的 4 倍。

在"一带一路"倡议引领下，中国企业正在或将对"一带一路"沿线和周边国家出色的企业标的引入并购视野。但不可忽视的是，对外投资的国际形势恶化，制约和阻碍了中国对外投资的发展。

二、中国企业对外直接投资的主要类型

（一）绿地投资型

绿地投资是指在东道国通过独资或合股来建立一个完全新兴的企业，从而产生全新的产能，这是比较传统的对外直接投资方式。20 世纪 90 年代末以前，我国企业对外直接投资的进入模式主要就是在东道国通过合资建立全新企业，这种模式大约占八成，而独自出资建立全新企业仅约占两成。2000年后，中国对外直接投资的规模持续发展壮大，国内企业进行跨国并购的金额所占比例也开始逐渐扩大，但中国企业对外直接投资的进入模式大多仍然是选择绿地投资中的建立合资或独资企业，与之相比采用并购当地企业的方式所占比例则较低。随着不断贯彻落实我国政府的"走出去"战略以及国内企业不断累积的境外投资经验，规模较大的国内企业对外直接投资方式选择跨国并购模式的现象逐渐增多，跨国并购逐渐成为我国企业越来越重要的对外直接投资选择的进入模式。

（二）跨国并购型

随着全球资源配置能力的增强，通过跨国收购与兼并、设立境外研发机构等，加快融入全球创新链，这将有效促进产业的转型升级。根据投资目标和实践，本书把这类投资分为四种：资源开发类、产销全球化类、逆向代工类和收购技术类。

中国企业对并购的关注与标准的企业扩张战略相一致，即现金充裕的中国企业通过收购发达经济体的企业，寻求获得新技术、企业能力和市场准入。绿地投资有益于东道国的社会发展、生产力提高和就业增长，因此受到普遍欢迎。

现在，越来越多的跨国公司更青睐于建独资企业，而不是在中国建合资企业，这也使得中国通过合资的方式去吸收跨国公司的管理经验、技术支持的这条途径受到了影响。总之，跨国公司在进入本土化的时候，它的内敛效

应或者叫挤出效应事实上是存在的。面对这种影响，我们"阻断"跨国公司本土化进程的所有做法自然无法使中国有效利用跨国公司本土化所带来的外溢效应。反过来，完全依赖跨国公司本土化完成中国自主知识产权的创造也是不现实的。

（三）研究开发型

每一个跨国公司都必须在世界范围内建立多个研发机构来获取新的知识和信息，并从国外的大学或研发机构，甚至是从竞争对手那里获取最新的产品成果，来进一步加强自己的发展能力和国际竞争力。在这方面，华为技术有限公司最具代表性。华为的海外研发机构共有 8 个地区的总部和 32 个分支机构，它在硅谷、斯德哥尔摩、班加罗尔、达拉斯和莫斯科建立多个研究机构，并与摩托罗拉、微软、日本电气股份有限公司和英特尔建立了联合实验室，取得了很好的效果。

（四）战略联盟型

战略联盟是指两个或两个以上的企业为了实现自己的战略目标，通过公司协议或联合组织形成的网络型联盟，苹果、摩托罗拉和国际商业机器公司（IBM）在美国的联盟目的就是通过减少竞争和需求的不确定性来开发和推广其产品，以占据更大的市场份额。

以福耀玻璃工业集团股份有限公司为例，其海外扩张战略取得了巨大的成功。为了进入国外配套市场，实现全球生产供货和售后服务，福耀玻璃工业集团股份有限公司先后在德国、日本、韩国、美国成立子公司，提供售前、售后服务。2006~2019 年，公司营业收入实现稳定快速增长，其中海外营业收入占比已超过 1/3，成为名副其实的国际级巨头厂商。海尔集团、华为等品牌在全球享有盛誉，为企业全球化发展创造了重要条件。

由此可见，中国企业应与多国企业建立战略联盟，使其成为共建"一带一路"的主导方式之一。如何管理战略联盟？如何利用其优点、避免其弱点？始终是值得研究的问题。

在此还想强调一下，上述的投资类型在认定上都是相互交叉重叠的，不同行业、不同背景的企业处于不同的发展阶段，在选择绿地投资还是跨境并购时所采用的方式是不一样的。对于采用何种投资方式或跨境并购，需要我们从三个维度考虑。第一，投资者是什么类型？是财务投资者、行业投资者还是其他？类型不同则目标不同；第二，投资目的地是什么样的投资环境、法律法规、监管政策？不同国家有不同的要求和标准；第三，时间段不同，对决策的影响也不同。这些都是决定绿地投资还是跨境并购的基础性因素。

第四节　对外直接投资理论与中国的实践检验

一、垄断优势、内部化理论在中国对外投资中的体现

系统化的国际直接投资理论诞生于 20 世纪 60 年代并不断发展，先后成功解释了西方大型跨国公司的投资行为和战后日本等新兴发达国家的对外投资状况，但对发展中国家，尤其是作为全球第二大对外直接投资存量国的中国，缺少理论指导。

以不完全竞争为前提条件的垄断优势理论是对外直接投资的奠基理论，也是中国向经济欠发达国家直接投资实践的主要理论基础，同时也是中国向发达国家投资并购的理论基础之一，但是该理论很难解释发达国家间的交叉投资、发展中国家间的横向投资，而且远不能解释发展中国家对外投资的全部动因，因而在解释力上有着重大不足。例如，按照垄断优势理论，发达国家的对外直接投资都是在相关产业结构比较健全完善、产业素质相对较高的条件下进行的，但我国除向经济欠发达国家投资以外，很多对外直接投资还有强烈的技术寻求进而开发国内市场的特有动因，主要是通过反向利用国际生产体系而获得逆向技术溢出，促进国内产业结构的调整与升级。

按照传统对外投资理论不具备垄断优势的企业不能顺利从事对外投资，但后期一些发展中国家的跨国公司开始进行对外直接投资，而且取得了很好的成绩。通过如阿里巴巴、福耀玻璃、海尔、华为等中国民营企业的对外直接投资实践与跨国经营是一个个最真实、最鲜活的案例。

依据内部化理论并结合多数中国对外投资企业实际情况来分析，中国投资企业技术水平尚不够先进，防止技术优势丧失并非投资中的主要事项。但通过与东道国企业合作来降低交易费用，通过减少中间商和中介机构来实现利润最大化又是中国投资企业的常态做法。因此，内部化理论有一部分是能够一直指导中国企业投资实践的。但需要注意的是，内部化控制过度而形成

的寡头垄断将会为企业发展带来投资环境方面的多方阻力，反而会加大成本投入。

区域经济一体化组织的一体化程度不同，但其基本特征是贸易内部化，对非成员国产生了负面影响。国际合作"先发展，后分享"的模式创新，即先促发展，再定标准；共商共建，成果共享。通过多种路径实施并秉持规则，发展先行，基于自身的经验和道路实现理念创新和制度创新。[①]

二、邓宁的理论是"一带一路"倡议的重要理论基础

按照投资发展周期理论，人均 GDP 在 5000 美元以上的国家是处于第四阶段的发达国家，此时，本国企业具备所有权优势、内部化优势和利用国外区位优势，净对外投资额为正值并逐渐扩大。国家统计局 2020 年 1 月 17 日对外公布，经初步核算，2019 年我国国内生产总值（GDP）为 99.09 万亿元，稳居世界第二位；人均 GDP 首次站上 1 万美元的新台阶。名次却仅列世界第 70 位。另外，我国对外投资绩效指数（OND）[②]一直低于世界平均水平，运用所有权优势、内部化优势和区位优势的能力仍然相对较弱。

技术地方化理论与中国"市场获取型"对外直接投资在初期相吻合。跨国企业通过对外直接投资获取东道国先进技术，并根据企业特点进行二次创新，从而提高生产效率，获取更多收益。然而，中国企业的相对技术优势远比技术地方化更加广泛，且该理论无法解释中国其他动因的对外直接投资。具有一定解释力的技术创新产业升级理论认为对外直接投资是以地域扩展为基础，以技术积累为内在动力的动态过程，然而中国等发展中国家技术创新带有明显的"学习特征"，而且中国"技术寻求型"等投资在投资初期就主要投向了发达国家，所以该理论在中国的指导意义也具有局限性。而在 20 世纪 80 年代末 90 年代初由国内外研究学者提出的投资诱发要素组合理论比较能解释多数情况下中国对外直接投资的动机和行为，但没有对决定性要素与诱发影响要素进行明确区分，因而在指导实践上也存在不足。

---

① 关税同盟最重要的静态效应是贸易创造和贸易转移效应，即经济一体化成员国之间的贸易自由化，而非成员国之间的贸易自由化。

② 联合国贸发会议（UNCTAD）开发了对外直接投资绩效指数（OND），以反映在控制了母国经济规模之后一国对外投资的相对份额。

　　在邓宁的研究理论中，仅就市场寻求、生产效率寻求两项动因而言，通常认为发达国家进行对外直接投资的一般前提条件是资本过剩，即通过资本输出建立分支机构以在国际市场上获取最大经济利益，而我国对外直接投资的一般条件之一是局部的过度资本积累，我国目前普遍存在国内市场劳动力等结构性供给过剩和部分行业局部的过度资本积累之间的矛盾，比较符合局部过度资本积累理论的论断。另外，依照邓宁的对外直接投资发展周期理论，初期阶段对本国国内的外商投资必定加剧了本国区域发展的不平衡，本国对外直接投资在一定程度上又会扩大区域间的发展差距。由此可知，对发展中国家对外直接投资先决条件中的局部区位及部分行业的资本过剩进行细分研究非常符合中国的实际情况，这也正是未来一段时间研究发展中国家对外直接投资的主要思路与方法之一。

三、中国对外直接投资理论与实践的新问题

（一）如何成功获得并应用逆向技术溢出将成为战略性问题

　　逆向技术溢出已经成为一个国家继通过自主研发、国际贸易和外商投资之外获得技术提升加速技术积累的另一种重要路径。但是对于以获取先进技术为目的的对外直接投资，能否取得逆向技术溢出的效用是有一些先决条件的。首先，母国的"技术阶梯位置"即母国要有比较接近于东道国的相关技术基础。另外，母国要有足够的技术吸收能力，即同时应拥有逆向技术溢出的"其他配套溢出"，如管理知识、人力资源、相关技术、准则制度、协调技能等 OIL 范式中的其他所有权优势。否则，即使取得了逆向技术溢出，也容易使技术散失、过时或很难转化为效益，更谈不上消化吸收后持续创新形成持续效益。目前，美国等发达国家通过贸易战、严格审查限制中国投资等方式，延缓中国技术获取和产业升级，制约着中国技术、品牌、标准和配套服务的海外推广。

（二）加强政策支持、监督引导与风险防控已成当务之急

　　由于在对外直接投资的过程中，既存在着大量有能力对外直接投资的企业犹豫不前的情况，也存在相当规模的"避税、回流、洗钱"等不尽真实的所谓投资，所以应该坚持政府政策支持与政府审查监管相伴而行的原则，通过完善配套政策、财政拨付补贴、母公司税费优惠、布局境外合资银行、成

立产业合作基金、建立海外投资保险、建立投资信息共享中心、与东道国就改善投资环境进行投资协定谈判等方式，支持民营企业"组团出海"。

此外，要集中一定的优势资源成功开展对外直接投资需要相对完善的风险测度评估体系与预警机制快速成熟发展起来，尽量降低各种不确定的投资风险。中国开展对外直接投资近十年来整体投资收益状况不佳，并且频繁遭遇东道国企业违约、市场环境变化等各种投资并购风险事件。所以政府加强政策支持、监督引导与风险防控已成燃眉之急。

四、结语

在学术理论方面，西方学界的各派对外直接投资理论均无法完整解释中国的对外投资实践。随着中国对外直接投资规模的不断跃升，目前亟须中国学界对中国现有的各种对外投资动因、模式及相关经济效应进行完整全面的解释，亟须建立一套符合中国企业及中国国家需求的科学的有中国特色的对外直接投资理论，指导并促进中国乃至其他发展中国家对外直接投资的顺利发展。

这需要我们将经济学与管理学的理论相结合，通过大量细致的实证研究深入结合中国经济发展的实际情况，将各种国内外理论与实践进行解剖梳理和整合创新，形成能够准确指导中国企业的对外直接投资实践的理论。

"新冠肺炎"疫情在全球大流行，极大冲击着世界贸易与投资。由于美国、欧洲 2020 年的经济负增长造成的需求端和市场下滑，也造成了中国制造商难以获得欧美订单，民营企业的海外投资形势愈加严峻。中国经济的放缓可能在第二季度继续。从全年来看，幸运的话，中国的增长率可能在 1% 上下。笔者认为，要把保持生产能力作为最重要的任务。也就是说，一旦恢复正常，中国随时做好准备并能迅速把生产力提高到需要的水平，中国民营企业的对外直接投资将肩负起历史使命，任重而道远。

第二章
中国民营企业对外直接投资发展分析

随着对外投资的方式、目标行业选择的变化，规模的扩大，中国民营企业正在逐步地融入全球产业链、供应链、价值链。探讨分析中国民营企业对外直接投资的驱动因素与行为，以及民营企业对外直接投资的政策与优势、模式与进展、存在的问题与思辨，对中国民营企业对外直接投资的进一步发展对外投资合作、跨境并购和跨境经营、促进结构优化升级等具有重要的意义。

第一节　中国民营企业对外直接投资的驱动因素

一、中国民营企业对外直接投资的寻求动力

（一）民营企业在行业选择和市场拓展方面有自身优势

民营企业既能较少地受国家直接控制，又能在国家的宏观把控下稳定发展。民营企业灵活性强，市场反应迅速，在行业选择和市场拓展方面有自身优势。民营企业对外投资不是主要出于满足国家生产的需要，其投资主要是为了获得收益。这就为民营企业不断改革创新提供了动力，有了发展动力，企业的生产积极性才会提高。民营企业在资源利用尤其是人员配置方面，很

少会出现类似国有企业的人员冗杂、决策和工作低效率的情况。民营企业将人才分配到能够充分发挥其才能的岗位，为的是保证企业的经营效率。民营企业市场兼容性强，投资行业多样，决策形式无论是集中决策还是分散决策都具有效率高、时效性强的特点。同时，民营企业产权清晰，多为股份合作制。在体制方面，不会政企不分，受制于人。在制度方面，灵活新颖，能够不断适应市场的变化。在经营管理方面，具备较高的资质，能够及时调整管理手段。在国际经济活动中较少受到来自国外某些国家的壁垒设置和恶意对待，投资发挥能力强。因此，中国民营企业可以在进入一国市场时敏感地意识到市场的变化，灵活进入或退出，减少了烦琐的程序和高昂的成本。民营跨国企业在没有国家护航的情况下，想要在一个陌生的消费市场占有市场份额，更多地需要通过自身努力创建品牌优势。可以与东道国所在地品牌合资经营、兼并国际上已有影响力的品牌，或者为了占据领先市场而建立自己的自主品牌。

（二）资源寻求动力

从资源方面来看，中国虽然地大物博，但生产资源仍旧严重不足。这是由于我国早期因技术、经验不足盲目发展而导致的生产资源的浪费。工业化自身发展所需的资源也远远不够满足我们这个世界人口第一大国的需求。就目前发展来看，中国已不再是低生产成本国家，不论是生产资源还是低成本劳动力都是中国对外投资想要获得的资源。在早期对外投资中，大型国营企业为保证中国基础经济的可持续发展，已参与到获取生产资料的对外投资中，而这其中也不断伴随着具有前瞻性的民营企业的对外投资。为了今后的长远发展，并能够在关系国家安全的战略资源上保持竞争优势，民营企业必须"走出去"。民营企业迫切需要在海外寻找国内需要而又缺乏的生产资源，保证再生产的顺利进行。

（三）市场寻求动力

中国民营企业对外投资的最终目的是获得市场份额，从而获得利润。目前，中国在煤化工、钢铁、水泥等重工业以及纺织、家电等制造业领域出现了产能过剩的情况，可以看出这是中国早期粗放生产以牺牲资源为代价获得的市场。现有市场需求小于供给，重工业、制造业等行业领域形成了买方市场。中国经济面临着国内产能过剩、内需拉动不足，国际市场收缩、技术壁垄重现的问题。通过将以往的出口地转变成投资地，将我国生产技术趋于成熟的某些行业投资于海外，不仅能跨越贸易壁垒的障碍，还能掌握被投资国市场信息，以此来寻找新的产品市场实现多余产能的转移。世界经济在金融危机后进入了不同于以往的发展阶段，我国经济的发展已不足以满足我国国内市场的消费需求。将过剩的生产能力转移，也能为我国国内市场开辟一定的生产空间来制造满足人们消费需求的产品。

（四）效率寻求动力

中国经济发展虽处于发展中国家前列，但面临着如何跨越中等收入陷阱的问题。我国在这一阶段处于劳动力等成本无法与低等收入国家相竞争，高新技术与经营能力无法追上发达国家的阶段。为了寻找比国内价格更低的生产要素，中国民营企业应对外投资我国已不再占据低成本优势的产业，使我国空出部分生产要素来发展高阶、尖端技术产业。中国民营企业参与对外投资会改善中国部分行业生产低效率的情况，同时提高民营企业对外投资能力。通过对外直接投资，适应东道国市场运行模式，更好地配置人力物力资源，提升整个民营企业对外投资效果，避免投资不当。通过跨国并购先进企业，在内部化生产中有效利用各项资源，将民营企业自身产业并入全球先进产业链中。与东道国企业协同发展，互相弥补缺陷，使我国民营企业的对外投资更加具备高质量、高效率的特点，从而带动我国内部产业结构的调整。

（五）技术寻求动力

低端产业转型不是一蹴而就的，除了长期的学习创新、自主研发，我国可以通过对外投资掌握一定的国外先进技术。科技已成为第一生产力，从获得核心技术与管理经验角度来看，吸引对外投资并不能真正获得海外企业的核心技术。若民营企业能够与国外先进企业合资建立研发中心甚至跨国兼并国外先进企业，就能更快速地获得能够促进企业发展的更具有竞争优势的技术、人才，形成品牌效应。中国目前同时面临着失业人员众多和高素质人才缺乏的情况。通过聘请海外优秀人才、派遣我国优秀员工进入海外先进企业学习，也能带动我国民营企业掌握尖端技术和先进经验。中国作为发展中国家逆向投资于发达国家就是为了在技术上获得竞争优势，在经营管理上完善经验。我国应改变以往依赖低成本的对外贸易格局，通过对外直接投资的逆向技术溢出效应创新研发我国民营企业独有的先进技术，推进民营企业国际品牌的建立。

二、中国民营企业对外直接投资的东道国影响因素

（一）经济因素

在选择投资市场方面，东道国的经济制度决定了中国民营企业的投资难度。若东道国经济制度与中国经济制度相一致，则两国在投资方面的对接则更加方便快速，效率更高。另外东道国的人口总额、人均购买力决定了当前的消费需求，而消费习惯和经济发展速度则会决定潜在的市场容量。若东道国市场的这些经济因素符合我国民营企业的投资意向，则能够促进民营企业在该国的投资。

（二）文化因素

地理距离在一定程度上决定了文化距离，文化距离也影响着投资的成败。民营企业应该选择合适的模式进入东道国市场，在投资初期就意识到文化风险的影响，将文化风险最小化。同时要想长远地发展，民营企业还要注意到公司的经营文化与东道国市场文化融合的问题。这在对发达国家的对外投资中尤为重要，要想获得隐性的逆向的技术和经营能力就要注意到本国与东道国的文化差异，这样才能更好地发挥学习能力。

（三）制度因素

同经济制度和文化差异影响因素一样，政治和法律制度也在很大程度上影响民营企业对外投资。民营企业不具备国有企业具有的国家法人性质作为保障，在一些政治不稳定的国家容易发生经营实体被没收、经营业收入无法收回的情况。东道国在接受外资投资的态度上也影响着我国民营企业的对外投资。同时，若两国在政治、法律制度上的差异较大，对民营企业对外投资的约束也更多。

目前，中国民营企业除一些已在一些国家占据市场份额的大型民营企业外，大多数是不具备规模和技术优势的小型民营企业。但这些民营企业可以利用某些发展中国家的多层次需求、不需要尖端技术和规模生产的市场结构进行投资。中国民营企业既可以在这些发展中国家的多元化小规模

市场上生产发达国家无法生产的低成本产品，也可以生产东道国无法生产的需要技术投入的产品。部分发展中国家的消费市场无法满足发达国家跨国企业的规模化进入，而中国民营企业大多是拥有相对技术优势擅长小规模生产的企业，可以在利基市场①中得到发展。民营企业目前虽然无法在金融、高新技术产业占据投资优势，但可以选择需要一定技术投入的行业进行投资。另外，由于中国民营企业有一部分是投资于与中国消费市场相似或与我国在地理文化等方面同根同源的发展中国家，也使得民营企业在投资过程中能够更好地了解当地市场需要，为民营企业对外投资提供了动力。

三、中国民营企业对外直接投资的全球技术价值链因素

中国近年来的技术创新势头迅猛，已经成为数字经济和人工智能技术领域的大国，并在很多技术领域跃居全球第一大消费国。在数字化、自动化和人工智能技术逐渐普及的时代，持续创新已成为中国经济发展的核心动力。技术链是最复杂的价值链之一，中国早已深度融入其中，并占据了一定的位置。

（一）中国民营企业正处于对外直接投资的战略机遇期

中国民营企业的对外直接投资能够完成符合中国经济实际的、合理的对外直接投资要求，在全球范围内配置资源，从而促进中国产业结构的调整。到 2035 年能成为吸引外资和对外直接投资资本双向流动的强国。到那时，中国不仅是贸易强国，更是对外直接投资的强国。因此，对外直接投资对加速实现产业结构调整和国内企业主导的产业链、供应链和生产网络完善起到了不可替代的作用，对外直接投资已成为中国产业布局的重要手段，中国正处于对外直接投资的战略机遇期。

在 1000 个企业家眼中，有一千种成功的定义。有人更重视独立自主，即便在受到国外政府或企业巨头的压力、挑战下，保持积极的应对态度。后疫情时代，不同行业注定有悲有喜；优秀企业要在俭朴的实干家、坚韧的运营

---

① 利基市场指市场中通常为大企业忽略的某些细分市场；利基市场战略指企业通过专业化经营来占领这些市场，从而最大限度地获取收益所采取的策略。

人员和精细化的管理者的领导下，做到逆境中寻求突破，爆发中巩固优势。此时此刻，民营企业正好可以扛起对外投资这面大旗，为中国民营企业的长远发展埋下深刻伏笔，共同开启中国民营企业对外直接投资更好的时代。

（二）价值链、技术链延伸应具备的四大要素

在审视中国与世界的经济联系如何演变时，技术可谓是一个核心关注点。由于中国目前仍然需要国外的技术流动，所以为了促进本土创新并提高生产率，中国需要保持甚至加强获取技术的力度。全球各国也对中国科技的迅猛发展越发关注，发达经济体尤其如此。对于研究的大多数价值链而言，中国仍有很大的潜力。若论全球化程度较高的行业，在一些尚未确立全球标准的新兴技术领域（如5G、人工智能和量子计算），中国已经取得了一些进展。

全球各国的经验均表明，一个国家若想向技术链的上游挺进，必须具备四大要素：①大规模投入资金；②拥有获取技术和知识的渠道；③进入庞大的市场；④推行鼓励竞争和创新的有效制度。日本（汽车）、韩国（半导体）和中国（高铁和液晶显示器）曾经的技术飞跃无不表明上述四大要素对于科技发展和创新的作用。

我们从以上四大要素入手，对中国的技术行业进行了分析。研究发现，中国在第一个（投资规模）和第三个（市场）要素上拥有极大优势。中国不但有能力提供充沛的科研资金，也拥有足够的市场空间来推动技术的商业化。因此，中国向技术链上游挺进的关键点就落在了第二个和第四个要素上，即积极开发和收购核心知识技术，以及设计一套行之有效的系统，以确保其生态系统具有足够的竞争活力来促进创新。对这两个要素而言，参与全球价值链以及加强资本、知识、人才流动都可以加快中国向价值链上游挺进的速度。

随着越来越多的中国本土企业的产品质量和营业收入业绩已经可与外企媲美，其中有些企业已经开始走向全球。智能手机市场（尤其是高端领域）曾经由美韩两国的生产商所主导，但现在中国手机品牌已经逐步出口东南亚、非洲和欧洲。根据国际数据公司（IDC）的统计，中国智能手机在非洲大陆、印度和马来西亚的市场份额超过了30%。中国的移动游戏产业在2016~2018年增长了250%，《王者荣耀》和《终结者2：审判日》等不少国产游戏已经出口海外。

四、小结

中国民营企业对外投资动力因素主要分为以下几类：

寻求生产资源：中国早期工业化建设已消耗大量生产资源，现阶段工业化发展在劳动力等生产资料上已不再具备低价成本优势。

寻求市场：转移由于激烈的市场竞争导致的国内过剩产能，以发掘国外潜在消费市场为动力。

寻求政策支持：无论是国内还是东道国政府，都为推动和吸引对外投资给予企业政策、环境、税收等方面的优惠。

自身优势：我国民营企业具备在一定投资周期，相对投资国而言的小规模技术优势，可以投资东道国还未开发的消费者市场。

寻求核心技术：学习发达国家先进的产品生产和企业管理经验，以投资的方式逆向吸收先进技术。

建立品牌：通过对外投资，在投资国设计、生产、销售自主品牌，在全球建立为消费者熟知的国际品牌。为此，中国政府应重视民营企业的发展，给予民营企业对外投资多方面的支持，促进我国对外投资的长远发展。

第二节　中国民营企业对外直接投资的基础与进展

中国民营企业自然会打上中国文化的印记，带有中国企业的特征，我们就民营企业对外直接投资的优势、特征、基础等方面进行分析，研究中国民营企业对外直接投资的问题、进展等具有现实意义。

一、中国民营企业对外直接投资政策与优势分析

（一）民营企业是市场经济的微观基础

第一，一个很重要的标志就是如何看待民营经济。如果没有民营经济，我们很难说这是市场经济。所以，如何看待民营经济变得非常重要。第二，应该采取竞争中性的原则。也就是说，资源配置在政策的使用方面一定是平等的，国有、民营、外资都应该是平等的，这是现代市场经济的一个基本标

志。这样才会使得社会资本对投资有预期、有希望。政策总是变动,民营企业家会害怕。第三,要有一个很好的预期,要让民营企业家放心。

改革开放的成功是市场化改革和全球化开放的成功。民营企业是市场经济的微观基础,是积极参与全球竞争的重要主体,完全国有是计划经济的微观基础。民营企业因产权清晰、激励约束有效,能够真正发挥价格和竞争机制作用,提高资源配置效率。当前中国亟须推进民营经济发展重大理论创新和中长期制度安排,以保障民营经济健康、稳定地发展。

(二)政策再度发力支持民企改革发展

《意见》涉及进一步放开民企市场准入、破除招投标壁垒、减轻税费负担,以及保护民营企业和企业家合法财产,鼓励民企积极参加国家重大战略等内容,专家学者们认为,这为民企带来了发展机遇。《意见》也要求民营企业练好内功,坚守实体,做强主业,专注品质,未来要改革创新发展,要规范健康发展。民营企业家应强化守法合规经营、履行社会责任。

更重要的是,与以往民企支持政策多为应急措施或可操作性措施不同,《意见》提出的改革举措触及制度层面,旨在破除民企改革发展面临的体制性障碍,将成为未来一段时间支持民企改革发展、提升民企活力的纲领性文件。政策再度发力支持民企改革发展,主要基于两方面考量:一是民企在行业准入、金融支持、政府监管等方面,仍无法获得与国企完全平等的竞争环境。而当前我国正处于经济结构转型升级的关键时期,民企高质量发展是激发经济活力、稳定就业形势、促进创业创新的重要保证。二是中央的大政方针层面,权威的态度就是坚持党的基本路线,结合着的必须是坚定不移按照两个毫不动摇,支持国有企业、民营企业共同发展。混合所有制代表的前进方向其实就是共赢,而不是用谁进谁退这样一个简单的表述可以说清楚的。

(三)民营企业具有机制、效率和技术转化优势

1. 机制优势

民营企业的责任和权力非常集中,决策机制反应迅速,在国际市场细分中占有一席之地。机制优势表现在民营企业在统计现象上表明的相对优势,即"互联网+"创新中这个烧钱的机制,国有企业的决策机制很难过去。我们都知道国有企业要特别强调集体决策;而民营企业决策机制里有一些特定的当机立断、能担当的特征。扛过去了可能就成功了,虽然民营

企业大多数是失败的，但是有这样一种处理风险的机制，因为绝大部分的投资款来自风投、创投、天使投。这类投资以极小的成功率投这些钱，与这些民营企业一起看能不能成功，这种机制对国有企业来说，确实不是长项，而是国有企业的弱项。

2. 效率优势

产权与效率之间有着一种必然的联系。在一定意义上可以说，产权对效率具有相当重要的决定性作用。民营企业由于产权清晰，所有者能够获得所有权带来的几乎全部收益，就有更强的激励机制去严格监督并防止企业生产经营中的不作为；同时大多数民营企业都是中小企业，通常所有者本身就是经营者，自己不可能欺骗、糊弄自己，企业内部效率的损失很大程度上来源于信息不同步，民营企业在拥有真实信息的前提下，也就不会有"信息不对称"情况的产生，同时，在激励机制方面，民营企业家自然不会拿自己的财产开玩笑，也不会有"激励不相容"的现象出现。民营企业的生产效率在中国现有的所有制中毫无疑问是最高的。

3. 技术转化优势

由于起步晚等原因，从总体上看，民营企业的科技实力还不够强，所以它们很重视科技成果的应用和转化，而且在这方面有着独特的优势，取得了明显的效果。在产业结构的转变和发展中，技术进步、技术转让以及新技术的产生使技术落后的公司也能得以迅速发展。

此外，中国民营企业根据国际市场的现有情况，自身还具有成本优势、产业优势、服务优势，抢占商业模式重构先机等；同时，民营企业聚焦全球资源，广泛开展人才、技术、跨境投资项目，开展国际交流与合作，拓展国际市场，提高企业全球化程度都有一定的优势。

二、中国民营企业对外直接投资的模式与进展

（一）中国民营企业对外直接投资模式的选择

民营企业选择对外直接投资通常有两种方式：一种是垂直整合，上下游产业链打通。从做上游的供应链、生产资料，到下游的市场终端；另一种是水平延展。一个省的市场做完做下一个省的市场，一个国家的市场做完做下一个国家的市场。这些都是关键节点的重大选择，这些选择基本上决定了企业的命运。

例如，阿里巴巴把员工派去东南亚，这是全球化水平延展的典型做法。企业考虑派一些中国员工到东南亚去，那么他的个体命运就被改变了，生活方式、家庭状态、小孩读书，甚至个人发展都改变了。

民营企业对外投资模式向跨国并购方向迅速发展。中国目前处于投资发展周期的较高阶段，在进入目标国市场的投资模式选择上，虽仍以合资为主，但跨国并购的数量和金额都于 2016 年创下历史之最。跨国并购分布地区广，行业上尤其是制造业和信息技术服务业涉及项目多，并购金额大。民营企业在国际市场上以初期的产品出口、设立海外销售网点，到资源转换战略升级，发展到开始在东道国国家投资建厂、建立研发工业园区。如今，我国领先的民营企业已赶超某些世界跨国企业开始对发达国家知名品牌展开兼并。实现了从基础生产与经营到对外投资"蛇吞象"的巨大跨越。

（二）中国民营企业对外直接投资的路径

民营企业投资地区不再局限于发展中国家。现阶段中国民营企业以三条路线引导对外投资。第一条投资路径以发展中国家为主要投资对象，如东南亚新兴发展中国家。原因在于东南亚国家资源丰富，与中国地理位置相邻，无论在自然、人力资源还是在运输成本上都具有投资优势。同时，拉丁美洲的某些发展中国家也是我国民营企业的重点投资对象。全球正在不断崛起的新兴市场从技术和市场等方面为民营企业对外投资提供了动力。第二条投资路径则是与我国以往对外投资区域显著不同的地区，多为欠发达国家。以非洲为例，中国对非洲的投资最初为政府义务援助，以帮助非洲人民为主要目的。到后来发展成为贸易出口，再到为获取中国经济发展紧缺资源为目的开展对外投资。第三条投资路径则是对发达国家的逆向投资，民营企业以收购兼并的方式逆向吸收学习发达国家的技术和经营优势，获得持续经营的投资动力。

（三）中国民营企业对外直接投资的进展

1. 中国民营企业对外直接投资进一步提升是中国经济稳定的重要支柱

在所有 3558 家上市公司中（截至 2018 年底），民营企业占了其中的近2/3。从今往后，中国民营企业将发挥越来越大的作用，不管是国内还是全球，中国民营企业冲击各个行业巅峰，是大概率事件。实践已经证明并将继续证明，中国不仅会诞生一批国家级乃至世界级"隐形冠军"企业，也会诞生一批国家级乃至世界级"领导品牌"企业，实实在在为客户创造价值，为社会创造价值。

这几年，大量的行业在洗牌，行业集中度不断提高，"头部企业"所占的市场份额越来越大，底部企业的生存状况堪忧，要么倒闭，要么被兼并收购。中国民营企业转型其管理、战略和创新驱动的模式，才有可能在行业"集中整合"和"头部效应"的过程中存活下来。

民营企业家可以通过对外直接投资的过程学习国外先进技术、管理模式、使用先进的机器设备等，以提高企业发展的升级换代；同时，跨国民营企业在激烈的国际市场竞争中，逐渐形成自身的优势；此时，通过产业关联效应，带动上下游相关配套产业的发展，从而推动国内产业结构的升级换代。

2. 对外投资结构的变化体现了中国产业转型和消费升级的进程

民营企业投资领域不仅涵盖国民经济的十八大行业类型，也涉及了更高端的产业链。我国作为投资母国正逐渐摆脱各国对我国已知的"世界工厂"形象。从行业"微笑曲线"来讲，过去的中国企业一直在接受投资，尤其是在低端制造业领域，因而处于"微笑曲线"中端的低附加值阶段。如今中国民营企业以大型民营企业为代表向左延伸提高了对外投资技术水平，争取在产品生命周期的投入期和成长期投入技术优势，较早地获得产品市场。

研究表明，我国对外直接投资的发展不仅对流动性过剩问题有所帮助，而且还会缓解外汇储备的压力问题。在这种情况下，探究我国对外直接投资的发展动态、趋势及环境等问题就具有更加重要的意义。

三、中国民营企业对外直接投资的问题与思辨

近年来，中国对外直接投资发展迅速，但仍然存在不少问题，基础似乎仍然极其脆弱。一有风吹草动，民营企业就变得极其不安。

（一）民营企业的对外直接投资遇到的问题

1. 民营企业的所有制歧视

第一，思想上仍有些极左言论引发恐慌。"民营经济离场论""新公私合营论"等，严重冲击了民营企业家的信心。追根究底，民营企业在一定

程度上依然遭遇显性或隐性的所有制歧视。这样的言论依然能够引发社会广泛争论和民营企业家恐慌，表明计划经济落后观念尚未完全清除。中国需要再开展一次类似于"真理标准"大讨论的思想解放，让市场经济理念真正深入人心。

第二，政策上民营企业尚未获得完全公平公正的对待。国有企业与政府关系紧密，享受各种政策倾斜，如政府采购和市场准入等，尤其是部分行业的行政性垄断。而像去产能、环保限产等政策，初衷都是好的，大方向也是对的，但在执行和度的把握上存在一定偏差，民营企业受到的冲击更大。

第三，民营企业在融资上一直存在很大的问题。国有企业享受政府隐性担保，预算软约束使其具有大幅举债的投资冲动，金融机构也愿意为其提供充足且廉价的资金支持，造成民营企业被挤出。近期在金融去杠杆、信用扩张放缓的背景下，民企融资环境恶化。民营企业贡献了国民经济的"五六七八九"，却只占用了40%左右的信贷资源，与其经济贡献完全不匹配。

当然，需客观承认，部分民营企业的经营发展也存在一些问题，如环保不达标、税收社保缴纳不规范、盲目扩张、产品同质化、创新不足等，要区分正常的市场出清和政策误伤，促进民营经济规范健康发展。

2. 民营企业的"旧惑新困"

引领新经济大潮走在创新前列的，应该承认是现在已经成了气候的BAT+京东+后来的苏宁、美团、拼多多，为数不多的头部的这些"互联网+"创新型企业，怎么是清一色的民营企业？这其实是很好的说明，在"五六七八九"的格局之内，必须注意某些创新领域里最典型的成功者出自民企，在必须"烧钱"的"互联网+"的领域里，民营企业的机制有明显的相对优势。国有企业在这个领域里不是没有想法，中国移动按国有企业的决策和运营机制，很难扛过大规模烧钱的瓶颈期，飞信始终就没能成气候。但是腾讯终于扛过来了，它也不是没有这方面的犹豫，一度腾讯想把微信给卖掉，但没人接盘，没想到一旦冲过了瓶颈期，烧钱真的成功了，而且一飞冲天，没有翅膀也冲上去了。这种对比，并不是说民营企业机制上处处都强，在另外一些领域里可能国有企业会有相应的优势，但是总体来说必须承认，现在在创新最前沿的必须烧钱、以极低的成功率去寻求成功，而一旦成功以后，一些头部企业可以一飞冲天又带出大量的、长尾的很多中小企业跟进发展机会的领域里，民营企业的相对优势是不可忽视的。

3. 政策性融资如何合理参与支持的问题

需要在商业性金融的助力下打造中国的政策性融资体系，这个政策性融资体系中财政的后盾作用是不可缺少的，财政贴息、政策性信用担保、产业引导基金，以及 PPP，都有财政资金在里面怎么样合理参与支持的问题，我们所说的开发性金融、草根金融、普惠金融等政策色彩非常浓厚的金融支持业务，可以使商业性定位的银行和金融机构持续地去做。所以，从战略层面来讲，技术性的约束突破，一定要有供给侧改革带来的整个金融体系的改造和创新。

（二）反思与思辨

1. 为什么国有企业和民营企业会有这么大的差异

第一，很多国有企业不怎么给社会创造财富，却赢得了很高的社会地位；一些民营企业不断地给社会创造财富，也没得到相应的社会地位。第二，很多国有企业一旦出现问题，没有人会主动站出来承担责任；而很多民营企业一旦出现问题，就必须有人站出来承担责任。所以，政府要关注是否有权力失范，这个权力失范表现在：第一，是否过分地扶大压小。第二，是否创造一个公平的环境。第三，一些产权是否得到有效的保护，包括财产权、人身权等。

很显然，讨论民营经济发展与国有企业改革密不可分，甚至可以说，国有企业的改革决定了民营经济的命运。这就是这些年来人们关切"国进民退"问题的原因。国家可以通过税收、提供服务等方式分享民营企业的发展成果，而不是直接进入民营企业的经济活动来分享。

2. 民营企业要有法制保障

虽然已经从宪法和意识形态各个层面赋予民营经济合法性。无论是民营企业的产权、民营企业家的财产，还是个人身份，都有各种法制和制度的保障。对民营经济来说，法律非常重要，但更重要的是意识形态的"风向"。在一些人那里，法律竞争不过根深蒂固的意识形态，非常不利于民营经济的意识形态回归，导致民营经济的恐慌。很显然，他们并没有从宪法和法律的层面来理解民营经济的合法性，而是从以往旧的意识形态的角度来看问题。不过，这也说明了一个重要问题，那就是宪法、法律和意识形态之间仍然存在着不一致性。

　　总之，中国呈现出"三层资本"的经济结构：是以国有企业为代表的国有资本，底层是以中小型企业为主体的民营资本，以及国有资本、民营资本互动的中间层。只要这三者的力量是均衡的，经济发展就会是稳定、可持续的；反之，就会出现经济问题。

第 三 章
科技引领的中国民营企业对外直接投资实践

民营经济从无到有、从小到大，涌现出华为、腾讯、阿里巴巴等一批世界级优秀企业，成为中华民族伟大复兴的中流砥柱。本章通过对阿里巴巴、福耀集团和海尔智家这三家大型民营企业对外直接投资的案例分析或实践创新，探索在新经济背景下中国传统产业与科技革命迭代的融合发展，尤其是将这三家民营企业在国际化的过程中，面对世界级的竞争对手及各国/地区差异化的客户需求，如何逐渐形成自己的独特竞争力？选择何种路径？我们在此进一步深入探讨中国民营企业对外直接投资的实践和经验归纳总结，为更多的中国民营企业"走出去"开拓海外市场提供有益的经验及启示。

第一节　科技革命背景下的国际生产分工

一、智能时代与国际生产分工的未来图景

科技创新成果的"普适性"（指的是科技创新成果在各行业中的投入程度）是定义科技革命的重要依据。在过去的两个世纪，能够产生革命性影响的"通用技术"主要有三个，分别是蒸汽机、电力与互联网。随着互联网算

法的进一步提高，机器不但能够按照指令完成指定任务，而且还能够进行机器学习、仿真模拟和信息交互。当前人工智能已经渗透到各层级的产业模块，人工智能深度嵌入了全球生产网络中的研发、生产、运输、交换等经济活动环节，催生了一系列的新技术、新产业和新业态。智能时代的国际生产分工将会呈现以下演变趋势。

一是由规模化生产向"柔性化"生产演变。全球价值链由消费者和生产者双轮驱动转向以消费者驱动为主导，消费者和市场需求成为全球生产网络中的核心环节，消费者通过用户体验直接介入产品"研发—生产—运输—消费"的全过程，能够满足高频率、多样性、小规模的"柔性化"生产模式应运而生。建立在人工智能基础上的"柔性化"生产将成为企业参与全球生产分工的主要模式。

二是制造业与服务化的融合趋势越发明显。制造业和服务业的发展经历了分工深化到高度融合的过程。企业数字化的两条不同路径：一条是从外到内的数字化，由需求驱动；另一条是从内到外的数字化，由流程驱动。

顾名思义，从外到内的数字化是从需求的数字化入手，从掌握顾客信息、采用数字化的手段与顾客互动、积累消费者资产作为数字化的第一步，逐渐让内部管理和流程适应这个部分，进而达到整个企业的数字化。相反，从内到外的数字化，是从利用数字化的工具理顺企业内部的流程为着手点，借此提高决策效率，从而更好地适应外部的需求。需求的数字化早期在很大程度上可以和企业的内部管理区隔开来。正因为需求产生在外部平台上，所以通过各种第三方数据整合商或者提供商，每一家企业都可以很快在需求端逐渐开始实现数字化，通过数据思维做运营决策，而不用担心数字化对内部结构和流程在早期产生的巨大影响。而后者的优势是能更快、更坚定地将数字化这一思维方式推广到整个组织，从而改变决策流程，并更及时、准确地对外部市场做出反应，为组织真正转型为数字化组织打下更加牢固的基础。以海尔集团为代表的制造业业余服务化融合的典型范例是一条从外到内的数字化，由需求驱动。共享经济、以深度学习为代表的人工智能，就是制造业向服务业延伸、服务业引领制造业发展的成功案例。

三是国际生产分工由垂直分工向扁平化方向演变，"蛇形"价值链分工逐渐向"蛛网形"价值链迈进。传统垂直专业化分工主要以多节点流线型生产为主，不同国家依据比较优势占据全球供应链的不同位置。随着跨境电商的兴起，全球价值链的架构随之改变，价值链上下游的交易关系趋于扁平化，中间交易环节明显减少，制造商直接连接消费者。通过"云端"将中国和世界更加紧密地联系起来。中国基于 5G 技术和数字化抗疫实践，不仅为全球抗疫提供了行之有效的宝贵经验，也展现了全球经济发展所蕴含的巨大潜力。

四是国际生产分工向"去中心化"和"多中心化"方向演变，"微笑曲线"趋向扁平化。在传统价值链分工体系中，价值链上游研发环节和下游营销环节是全球价值链体系的核心环节，位于全球价值链中游的生产制造环节附加值相对较低。人工智能等先进制造技术会提升"微笑曲线"中游环节的附加值，进而实现价值链体系中的"去中心化"问题。任何价值链主要由商品流、服务流、信息流和现金流四部分构成。信息共享机制和信任体系的构建是实现全球价值链各环节效率奇点的关键。由于信息不对称和缺乏信任，跨国公司主导的传统价值链体系往往不能实现效率最大化，而人工智能能够显著提高信息流通的效率和质量，区块链技术可以解决价值链体系中节点的信任问题，进而达到效率奇点。

五是国际生产分工由原来的规模经济向速度经济演变，全球价值链响应时间变得越发重要。在信息、技术和运输等高速发展的催生下，时间将成为成本管控的第一要素，国际生产分工的规模经济模式向速度经济模式转变，企业的先发能力、应变能力、流程再造能力等综合协作能力将成为企业竞争力的核心因素。除降低传统意义上的生产成本外，产品的及时交付能力将成为企业深度嵌入全球价值链体系的关键所在。

六是产业分工将呈现出"云团化"特征。全球技术创新链由线性模式向网络模式演进。在传统国际分工中，企业专业化生产全球价值链的某一环节。例如，美国 20 世纪 60 年代率先创造产品内分工和全球供应链生产方式，推动当代经济全球化进入快车道。然而随着中国、印度等新兴大国实施开放政策参与全球化，美国缺乏比较优势传统行业生产工序、流程、环节经济活动持续海量外包，然而其前沿技术产业突破拓展创造新岗位、新业态、新经济能力扩张乏力，与企业外部与经济离岸化规模形成越来越大的缺口。上述矛盾展开伴随美国经济对外竞争力持续下降与开放宏观经济失衡加剧，构成2008 年底爆发金融危机的深层根源。

未来的全球价值链分工将呈现出"云团化"趋势，企业不仅仅专注于某一细分产品的生产，而且通过大数据和云计算，深度参与到上下游环节，衍生出一系列产业链条，利用信息技术，快速实现产业链条的跨越式升级。在民营企业发展的道路上，许多企业家在这次疫情中也感受尤为深刻，并加速世界工厂这种分工合作形式的消亡。取而代之的是云计算、AI 和 5G 的共同作用，将使得数字化企业在边际成本上获得压倒性的先发竞争优势。这将对每个行业产生巨大的影响，将为提升中小企业竞争力、消费驱动经济增长、创造更多就业机会等方面提供支撑。"数字优先"将成为数字经济进程中企业追逐的一个新的目标。

二、高度认识科技在对外直接投资的重要作用

（一）新技术正在改变对外直接投资的原有模式

在科技方面，我们知道经济的发展是以科技为动力、以创新为动力、以改革为先导。新一轮科技革命正在重塑产业格局，今天的世界正在快速发展，正在复杂地变化。这些变化都在影响着我们每一个人。而技术革命带来的影响远远超越人类的想象：一是制造内涵上要从替别人代工，没有品牌的制造，转变为生产自己的具有国际品牌影响力的产品；在经济学中，品牌代表多样性。品牌敏感，就是多样性敏感。表明消费者开始从注重量，转向注重质。需求越转向质，智能在帮助用户进行选择方面起到的作用就会越明显。随着需求的多样化，需求方式也会向多样化方向演变。二是制造对象上要从简单跟随的产品，转变为具有更多创新内涵的产品。三是制造能力上要从释放资源红利的、以低成本为特征的中低端制造，转变为释放效率红利的高质量、中高端制造。新一轮科技革命和产业变革即将到来，5G、新能源汽车等新技术将改变产业和社会生活的原有模式。最大机会就是中国需要创造多样性红利，高质量发展。如果人工智能企业可以比较深刻地理解智能经济将助力中国迈向高收入社会。

（二）中国企业对外直接投资的数字经济新格局

从 2013 年开始，网络经济逐渐崛起，发展速度非常快，目前网络经济的发展阶段被称为数字经济。中国的数字经济占 GDP 比重在 40% 左右，美国的数字经济占其 GDP 的 60% 左右、德国占其 GDP 的 60% 左右、日本则在 50% 左右。这意味着，未来人类财富越来越靠的不是自然资源，而是数字经济。未来世界最大的资源也将不再是石油、矿藏、稀土，最大的财富是数据。

数据是人为活动的结果，数据的资源非常丰富，但是最终要看国家有没有能力开发利用，这决定着财富是否增加。之所以说 5G 决定了国家的未来，是因为哪国具有 5G 技术就能把数据变成更大的财富。

（三）中国企业亟须向国际供应链的中高端迈进

中国只是全球产业链的一环，与中日韩产业链、欧洲产业链关系都相对紧密。中国基本上是从韩国、日本进口核心部件，从欧盟进口原材料，然后加工和装配，再出口到欧美。疫情期间我们停工停产，最先影响的是日韩，无法再进口核心零部件，如 iPad 和 iPhone 的核心零部件就停止进口，然后会波及欧美下游消费市场，欧美市场在疫情初期感受还不明显，后期物价就会上升。疫情对产业链第二阶段的影响在国外越来越严重，导致原材料、中间品和最终消费端都会出问题，整个产业链断掉并进一步放大影响。

中国企业的复产复工，并不代表全行业产业链恢复，海外也会反向制约中国企业的复产复工。全行业产业链若无法形成有效闭环，生产中断持续时间将比预期更长。看待供应链问题不能走极端：担心疫情后全球供应链会与中国脱钩过于悲观；因为其他国家疫情仍在发展，就认为中国可能成为资金、供应链的避风港，则过于乐观。全球化的时代决定了疫情的双向传播，很难有国家幸免。

目前，全球供应链是跨国公司基于全球配置资源形成的，由强大的市场力量所主导。当疫情蔓延到海外后，越来越多的人开始意识到，在全球化时代，人流、物流大融通，想找到一个避风港并不容易。

尽管全球供应链的调整是一个长期的过程，但作为劳动力大国，中国必须未雨绸缪。中国可以利用巨大的经济体量和市场规模，扩大开放，推动产业政策更加公平公正，完善知识产权保护，让外资愿意进入。更关键的问题是，能否像当年的日本和德国一样，随着收入水平、要素成本的提高，发展出强劲的制造、创新能力，成功转向中高端产业。

（四）数字化是未来民企的必经之路

大数据对企业而言是"新能源"。以企业海量数据为基础，实现智能管理，将成为企业生存和发展的关键。企业数字化转型不仅是一场技术革命，更是一项组织革命，企业的组织结构、管理方式、企业文化以及领导力都需要革命，才有可能实现数字化转型。

1. 数字化转型是一场系统战略层面的变革

组织结构需要更扁平化、权力分配要更分权化、管理方式要更人性化、企业文化需要更透明化、领导力需要更简练化，才能适配数字化转型。因为数字化带来信息的即时性和透明性，大数据、人工智能等将重新定义工作和生活，也必将重新定义"管理"。这些持续领先的企业都在不断进步、不断调整、不断转型。如今天的海尔，很难简单地说它是一个制造公司，可能更是一个智能制造公司。智能两个字已经深深嵌入企业整个战略中，以组织和最终产品的形式呈现出来。阿里巴巴、福耀集团、海尔集团等一直走在领先的路上。

2. 数字经济和智能技术对企业的影响

为什么这些企业能够持续领先？这些企业非常重要的部分就是不断运用新技术来满足顾客的需求、创造顾客的需求，且创新价值。当它们不断创新创造，推动价值改变的时候，它的成长速度会更高更快。如小米仅用了八年就成长为世界500强，腾讯、阿里巴巴也成为世界市值的前十名。这种成长和发展的速度背后，其实就是它们将市场和技术的变化融合到商业价值当中，持续实现真正的产品和服务创新。

自2012年互联网技术正式带来彻底的消费革命，带来了线上繁荣以及对传统产业无情的冲击和挑战，数字化已经成为几乎每个人都熟知的概念。数字化概念的核心是速度和时间的概念，而不再是我们以前所理解的资源和企业的边际效应的概念。在工业时代，我们常常不得不考虑资源和核心竞争力；在数字时代，不是从资源的角度，也不是从能力的角度，而是从变化的速度和变化的角度。数字时代和工业时代的根本区别在于对时间的理解不同，当我们看时间的时候，不能只从过去看未来，而应看你现在在哪，变化的速度，然后加速度。这种变化体现在产业观念上，缩短了竞争优势形成的时间。如果你不能适应数字化的变化，那么你的企业将很快被淘汰。

数字时代与过去完全不同，这不是看你是否有竞争优势？保持竞争优势对你来说越来越困难，因为只会在很短的时间内保持你的竞争优势，这不仅是在技术创新领域，而且是在所有行业。今天的企业首先要做三件事：一是企业的寿命。数字化带来的一个非常大的变化就是一个企业从0到1、从1到N这个速度变得非常快。如今天在世界500强中有一个非常年轻的公司叫小米，它进入世界500强的时间只花了八年，这是一个非常值得关注的事情。

意味着其他企业被淘汰的时间也在加快。二是产品生命周期缩短。三是客户争夺的窗口在缩短。在互联网刚起步的时候，我们经常谈到风口期和红利期。自数字化出现以来，这个窗口期就变得更短了。现在我们了解产业、行业、产品的时候，需要做出根本性的改变才能跟得上变化。认识和理解数字化是所有行业和企业都必须接受时间轴更短的现实。

迈克尔·波特提出的价值链是传统时代的竞争框架，在今天有很大的局限性。企业有基本活动和支撑性活动，无论哪种活动都是听领导的而不是听用户的，创造的都是领导要求的价值，而不是市场要求的价值。部门之间也很难协调一致，因为各个部门有各自的领导。数字化到来的时候，不仅要满足消费的改变，更重要的是顾客要求参与创造和体验，它完全是跟整个生产过程组合在一起的。价值的创造和价值的传递是分离的，与顾客只是一次性交易，只有顾客没有用户。

3. 平台经济

平台经济形成了大企业和中小企业的"共生"关系，即大企业提供平台，而小企业依据平台来提供解决方案。如果解决方案和平台很好地结合在一起，那就可以做大、做强。智能商业时代最有价值的企业是一个个的"面"，当然"面"有大小，但整体上谁能把一个传统行业从线性结构变成网状结构，那它就能成为未来主导行业发展的"面"。在平台经济大力发展的情况下，大企业和中小企业根据自身情况，可以选择不同的发展方向。其中，大企业作为平台公司，已经是"生态型企业"，也就是说它的工作使得生态更加多样，从而孵化出更多产品；平台化的集聚效应、协同效应，不断拓宽这一模式的外延。企业本身并不做具体项目，而是让生态环境更具生产能力，或者让生产更加活跃。

5G 的发展也有利于产能"出海"，5G 的"低时延，海量数据高速传输"的特点，将大大加速工业互联网的推进，未来工厂有传感器，可以随时拿到生产数据，可以大量利用机器人代替工人，降低企业的劳工风险。

4. 转"平台为王"的思路为"平台 +"为王

"平台为王"只要把平台做起来就有红利。数字平台将进一步进化为万物互联平台，带动人类的互联网产业从 to C 型的消费类互联网发展为 to B 型的产业类互联网。平台化发展理念，颠覆了以往固有条块化的工作分工模式，从客户体验出发，催生出全新的流程与模式。平台式发展拓宽了思路，为移动互联时代传统企业行稳致远、创新发展提供了答案。

第二节　传统产业与科技革命迭代融合发展

一、技术迭代和产业融合发展

技术创新引发的生产方式变革是人类发展史上的一个重要命题。工具的创新和技术的进步，推动了人类从农业时代到蒸汽机时代、从电力时代到互联网时代的不断转型，技术创新与经济活动、产业结构和组织模式有关。经济学家沃尔特·罗斯托、迈尔斯、马奎斯、弗里德曼致力于展示技术创新的经济和社会价值。技术创新和发展的影响是广泛而深刻的，不仅涉及经济层面的产品、市场、消费和需求，还将涉及社会层面的组织结构、管理方法、行为习惯和文化类型。

自 1969 年阿帕网的发明使用至今的半个世纪以来，互联网的发明无疑扩大、泛化了技术对于经济和社会层面的双重影响。互联网将会对传统技术、产业、市场产生颠覆性的效果，引发跨学科、跨领域的创新型应用。发展至今，互联网尤其是以手机等智能终端为代表的移动互联网的发展，使得这种颠覆性技术的影响日渐渗透到人们生产生活的各个领域。

在移动互联网时代，随着移动互联网地不断纵深发展，全世界范围内新一轮技术创新与产业变革已蓄势待发。中国有很多传统产业需要升级，中国应用人工智能的企业已达到 32%，美国和欧盟分别为 22% 和 18%。中国大力发展人工智能等前沿技术，已经拥有世界上最大的数据库系统，并希望成为地球的"大脑"。

二、企业家需要认识和思考信息化和数字化

（一）数字化已经融入各个行业

数字化已经融入各个行业，整个数字嵌入速度比我们想象得要快，我们可以看到企业自身的数字化变革和数字化向企业战略的整合。一般来说，数字嵌入的比例也比我们预期的要高。通过对比两家公司就会理解这种变化的影响。以柯达和富士胶片为例，柯达一直是感光胶片行业的世界第一，富士

胶片不如柯达胶片。但到了 2000 年，我们却看到了一个非常大的变化，那就是两家公司投在新技术和数字产品上资金的比重出现了明显差异，柯达数码产品占比仅为全部产品的 20%，而富士胶片的数码产品占比却已达 60%。2012 年柯达申请破产，富士市值却已达到 100 亿美元。那么，这两家企业十年来形势变化的原因究竟是什么？答案不言自明，即各自十年前在数字化方面的投资不同。

工业革命经历了三次标志性的变迁：第一次是蒸汽机的出现，接下来是电力革命，也就是电力时代。到了第三次工业革命，更多的科学技术被应用到更广泛的领域，主要领域开始发生变化。第四次工业革命——信息革命，让我们走入新的工业时代——智慧时代。

在新的工业时代，我们必须理解工业价值和数字化的真正含义。熊彼特的新生产函数告诉我们，随着数字化的发展，各行业的组合发生了变化，我们称之为新的产业组合。这种新的组合需要我们去理解和反思，这个时代的变化已经完全不同于工业时代。在工业时代，我们实际上是原始生产要素的组合；而在当今的新产业时代，数字化将原有的一切要素更新为数字价值。研究中国龙头企业如何成长？必须考虑选择面对消费端的公司还是资源端的公司、选择供应型公司还是技术型公司。

通过研究我们会发现，这些持续领先的企业都在不断进步、不断调整、不断转型。例如今天的海尔集团，很难简单地称它是一个制造公司，可能称其为智能制造公司更加准确。"智能"两个字已经深深嵌入企业整个战略中，以组织和最终产品的形式呈现出来。

（二）数字经济和智能技术对企业的影响

自 2012 年互联网技术正式带来彻底的消费革命，带来了线上繁荣以及对传统产业无情的冲击和挑战，数字化已经成为几乎每个人都熟知的概念。数字化概念的核心是速度和时间。在工业时代，我们不得不考虑资源和核心竞争力；在数字时代，不是从资源的角度，也不是从能力的角度，而是从变化的速度和变化的角度来思考问题。数字时代和工业时代的根本区别在于对时间的理解不同，当我们思考时间的时候，不能只从过去看未来，而是应该知道你现在在哪？所在行业变化的速度，以及了解这些内容后开始加速度。这种变化体现在产业观念上，并且这种变化缩短了竞争优势形成的时间。如果你不能适应数字化的变化，那么你的企业将很快被淘汰。

　　数字时代与过去完全不同，这不是看你是否有竞争优势？保持竞争优势对你来说越来越困难，由于技术创新迭代发展和产业融合不断加深在所有行业。今天的企业首先要了解三件事：第一件事是要了解企业的寿命。数字化带来的一个非常大的变化就是一个企业从"0"到"1"、从"1"到"N"的速度变得非常快。如上述的北京小米科技有限责任公司，它进入世界500强的时间只花了8年，这是一个非常值得关注的事情。它意味着其他企业被淘汰的时间也在加快。第二件事是要了解产品生命周期缩短。我们以前生产一种产品可以供客户使用很多年，但是如果你今天在产品中加上"智能"和"数字"的特征，你会发现你必须面对更快的产品更新换代。第三件事是要了解客户争夺的窗口期在缩短。在互联网刚起步的时候，我们经常谈到风口期和红利期。自数字化出现以来，这个窗口期就变得更短了。现在我们了解产业、行业、产品的时候，需要做出根本性的改变，才能跟得上变化。认识和理解数字化，即时间轴缩短是所有行业和企业都必须接受的现实。换句话说，你所做的每件事都应该有时代、时间的标记，企业家需要问问自己：你的业务、产品、战略是否与时间有关？如果没有，你就不会活在2019年，因为2019年必须数字化，否则无法生存。

三、数字时代高速成长背后的变化

　　在数字的概念下很多增长逻辑和增长方式都发生了彻底的变化。这些真实的场景就发生在现实生活中，我们能从不同的角度感受到这些变化。这些公司快速成长背后的变化是什么？

　　第一个变化是它确实与技术融合在一起。今天的技术迭代比我们想象的要快得多，科技改变一切，科技使一切成为可能，迭代的速度要求我们跟上它，所以首先需要很好地理解它。[①]

　　就组织体系而言，小微企业要和社群融合，不断迭代更新。例如，海尔云熙洗衣机迭代更新了六次，每一代都比上一代销量更好、售价更高，当然收入也明显提升。更重要的是彻底颠覆了过去家电行业一年两次的研发传统，用户有需要就迭代更新，海尔云熙洗衣机开发周期最快只有两个月。过

---

　　① 陈春花.企业家亟须数字化理解与反思［EB/OL］.新浪财经，http：//finance.sina.com.cn/china/2019-09-04/doc-iicezzrq3477240.shtml.

去我国企业学习日本企业，产品尽可能完美才推出去。现在我国企业学习硅谷，产品推出以后可以不断改进，最重要的不是产品有了多少用户，而是企业可以和用户交流合作，然后不断地迭代更新。

第二个变化是跨境、跨界融合。现在的行业与你最初理解的行业界限完全不同，过去，规模大的全球零售连锁店是沃尔玛，但在今天，零售业很难说是一家零售公司，也许我们可以认为是一家"聪明的公司"。当你去商场里设的餐馆吃饭、电影院里看电影、游戏厅里打游戏、健身房里健身时，你就能体会到商业综合体、消费体验中心在原来零售的基础上与其他业态的融合、共生、演变。商业综合体想要绝地制胜，已不能只是一个购物场所，更应该是社交娱乐中心、IP 线下聚集地、体验式消费中心及潮流科技集中地。新时代下，商业跨界已是大趋势，一如"优化用户体验"已成为推动互联网发展的核心，商业综合体往体验购物中心进化的路已在眼前。实践证明，产业的跨境融合有效地解决了空间有限和利益需求的矛盾。数字技术带来的跨境颠覆让我们不能用原来的眼光看待任何行业或企业，我们必须重新认识和定义它们。

第三个变化是收购兼并，"强强联盟"的生态网络。那些领先和强大的公司，很难说它是在哪个领域里，其实它是在一个非常广泛的领域，并且有强链接能力和协同优势。如果说你知道对手是谁，那么我们认为你基本上将被淘汰；如果你知道跟谁合作，我们认为你可能还有机会。我们是看你跟谁合作，并不是看你比谁更强，这是一定要知道的变化。

张瑞敏认为，所有的企业无非就是两种结局：一种是他杀死亡，另一种就是自杀重生。所有的百年老企业都是自杀重生的典范。海尔在互联网时代的自我颠覆，就是在 11 年前提出了"人单合一"。海尔集团的"人单合一"模式多次运用于海外并购。2011 年海尔从日本松下电器接手亏损严重的三洋电机白色家电部门；2012 年又全面增持收购新西兰家电品牌斐雪派克；2016年斥资 55.8 亿美元收购美国通用家电（GEA）。美国家电市场一直在下降，但 GEA 实现了连续两年的增长，增长率都在两位数以上。传统企业过去只有顾客，没有用户。顾客只是交易，是钱和物的交易；而在互联网经济环境下，传统的思维转变了，在不全盘否定传统营销体系的基础上，考虑怎样建立一个以用户为中心的社群化的产品营销体系和创新体系，也就是一种以用户为中心的交互性的社群经济。大家共同创造价值成为一个生态圈。

第四个变化是从企业到行业边界被调整的原因是顾客的需求在变化，必须为顾客需求去做变革。之前你能够提供好的产品就可以在市场上存活下来，最根本的是生产的变革，即怎么用最低的成本、最高的效率把产品生产出来，满足更多人的需求。但是接下来的消费变化，不再是你以更低的成本、更高的效率来提供更多的产品。顾客本身提出了个性化需求，需要你能够满足他的需求，这就会走到第二个阶段，这个阶段就叫"消费变革"。

卡萨帝是海尔智能家具定制的生态品牌，将家庭场景细分化为"5+7+N"。"5"是客厅、厨房、卧室、浴室、阳台，"7"是全屋空气、全屋用水等 7 大全屋解决方案，"N"是用户个性化定制。

四、技术和数字对产业的影响

作为企业家至少要有四个根本性调整，不能再用原有的经验。

（一）一切正在转化为数字

我们生活的今天一切都在转化为数据，其实有机会在两个方向做调整。一个方向是模式创新，另一个方向就是效率改变。我们以前的制造类企业，谁用你的产品，你是不知道的。数字化到来后，你就能发现谁在用自己的产品。数字化带来的另一个帮助，就是当你能够完全进行数字化的时候，整个供应价值效率是可以改变的。当一切转化为数据的时候你就会发现，能够创新和创造的空间实际上是在变大的。

1. 数据即洞察

当你理解数据时，你才可以理解消费者和市场。当数据出现的时候，有三样东西改变了：第一个变化，原来我们眼里只有顾客，如果现在你只有顾客没有用户，就没有盈利机会了。第二个变化，我们原来是以产品为中心，现在必须以数据为中心，之前企业和市场之间的关系是用产品去连接的，现在是用数据来连接的。第三个变化，以前是供应链关系，供应链完善了，企业就会有竞争力，而现在是协同关系，也就是自己与所有合作伙伴是共生的关系。

2. 数据即包容

当拥有数据的时候，其实可以融合更多的需求，产生出更多的产品。华为技术有限公司一年销售额超过 1000 亿美元，迈入千亿美元俱乐部，华为是怎么做到的？怎么让企业和未来组合在一起？华为技术有限公司现在正在做

"数字行动计划"，连接应用和技能。在过去十年中，华为技术有限公司帮助108个国家3万多学生提高数字能力。当它做这件事情的时候，其实就等于和未来组合在了一起。一切正在转化为数据，数据即洞察，数据即包容，数据其实是一个行动计划。

（二）连接比拥有更重要

今天是不断动态、不断迭代、不断优化、不断变化的过程，任何一个人其实都应对不了，那么，怎么才能够去接受这种转变呢？就是和更多的人组合起来，得到智慧，所以连接比拥有更重要。

我们看到所有的连接共享，当它们不断地改变人们生活的时候，这些企业就会脱颖而出。无论优步（Uber）、滴滴出行，还是今天更多的变化，我们看到的情形就是按从分工到协同、从协同到共生的概念规划的，所以我们需要企业有能力去完成开放式的协同平台。如海尔集团的开放式创新协同平台，有一个"解决者创新平台"，拥有40万用户，在1000多个领域内不断创新。这并不是海尔集团的员工，但他们可以去满足海尔集团对创新的需求。这样的一种连接，就让海尔拥有了非常多的面向未来创新的可能性。

（三）开放、信任和协同是关键

数字化带来的最重要的是可信度和安全性。如果不能提供可控性、安全性，你很难得到真实的发展。在很多领域中，领先的企业为什么做得好？就是它和非常多的生态伙伴建立了命运共同体，这个命运共同体可以使它的发展非常顺畅。

我们所有人都说新零售对传统零售业的冲击太大，虚体经济对实体经济的冲击太大。7-ELEVEN便利店从来不说自己是互联网公司，可是它今天依然保持着非常强劲的增长，原因就是它在很早的时候，就采用互联的方式，建立了和生态伙伴之间的可信度、开放协同，取得了很好的效率。

从可信开放的角度我们来看另一个案例——小米科技有限责任公司，它用八年的时间走进世界500强企业，不是小米自己的力量，而是它所打造的社群——米之家的力量，这个协同和共同成长的平台，让小米和这么多个人和机构去合作，跟1.32亿个智能设备去做连接。所以，当一切转化为数据，就要建立可靠、可信任的连接。腾讯就把自己的战略改变为一个词，即要成为"连接者"，整个组织开始了把原来的从企业间到企业与客户/用户端之间

（to B 到 to C）的转换。认为未来的连接是人与人、人与商业／服务、人与智能硬件，这是一个根本性的连接。它需要自己成为一个"连接者"，然后才能够找到发展的空间。当它把这个定位在战略中时，它的市值就可以大幅度增加了。决定企业最终价值的，是企业在建立用户端时的主导地位是什么？而主导地位的最可靠标准，是企业能不能和用户之间产生一个可以画上等号的词——"连接者"。企业所有的战略资源都将基于这样一个根本的战略定位来配置。决定企业战略的关键不在供应端，而在用户端。

（四）从竞争逻辑转向共生逻辑

面对数字化和新产业时代，在战略的底层逻辑上需要一个彻底改变，就是你能不能从竞争逻辑转向共生逻辑。在工业时代，我们其实就是在满足需求，所以我们常常讨论的是比较优势，讨论如何获得竞争优势，怎么能在竞争中赢得比赛。现在到了数字化时代，核心不在于你是否满足需求，而在于你是否能够为顾客创造需求，也就是说很多需求是被创造出来的。

当你创造顾客价值的时候，其实也就没有对手了。在真实的市场当中的确是存在竞争的，但是获胜的企业一定是要离开竞争的。如果今天你没有对手，就要问自己能和谁在一起才能创造新产品。有合作者才会有新的空间，这就是共生逻辑。今天你能否放弃输赢的概念，变成真正的合作共生体系的一员才是关键。战略认知底层逻辑的改变，就是从竞争逻辑转向共生逻辑。当今，虽然大的经济环境和整个经济增长在调整中，与之前不太一样，但是对于单一企业来讲，发展机会还是很多的，因为完全可以重新定义，要不断连接，跨界寻求新空间。

（五）智能时代的中国民营企业

人工智能的实施主要依赖于应用场景。尽管中国在部分核心技术方面的领先优势不足，但作为全球人口最多、制造业规模最大的国家，中国是全球最大的人工智能应用市场，具有应用场景上的绝对优势。近年来，以商业应用为引领，中国实现了人工智能市场化应用的高速发展。颠覆性技术的突破不仅会导致全球价值链的深度重构，也会助力新兴经济体实现"弯道超车"。

中国民营企业真正突围，这个新时代的开端就是 2020 年。越是全球竞争和市场化的时代，打造组织、做好产品、做好服务、做好社会责任的企业，越有机会胜出。一定要意识到社会价值、社会资本是未来企业最重要的核心竞争力的来源，甚至是生产要素的来源。首先，在一个信息透明和完全互联互通的世界，不好的产品、不好的服务，甚至不好的企业价值观是很难隐藏的。所以说，真正尊重社会价值，拥有这种价值观的企业，就会受到越来越多人的认可。未来十年，中国一定会诞生出一批受人尊重的世界级企业和企业家。

第三节　互联网下的对外直接投资
——以阿里巴巴并购 LAZADA 为例

阿里巴巴在中国互联网企业中处于龙头地位，以合资企业和数据中心为主，所以在选择研究我国互联网行业对外投资情况时，以阿里巴巴作为代表企业，范围遍布全球，期望通过其海外直接投资，即并购 LAZADA 集团（东南亚的阿里巴巴）的经典案例来为中国互联网企业"走出去"直接投资提供有益借鉴。

一、阿里巴巴及 LAZADA

（一）阿里巴巴集团

马云于 1999 年成立了阿里巴巴，公司总部位于杭州，是一家专注于电子商务、零售业、人工智能（AI）和技术的中国跨国企业集团。阿里巴巴的大部分投资集中在其具有核心优势的电子商务和物流领域。自 2016 年并购 LAZADA 起，阿里巴巴扩张迅速，成为全球最大的零售交易平台之一，成为知名的国际互联网商务平台，并且在多个国家设立海外分支机构。

阿里巴巴投资领域还包括生物技术、安全、食品技术、媒体、云计算、支付以及语音和人脸识别技术。其中约 70% 投资于中国本土企业。阿里巴巴也在全球多个国家（地区）投资，包括美国、印度、以色列、中国台湾、印度尼西亚、巴基斯坦、新加坡、阿联酋和瑞士等。阿里巴巴旗下达摩院建立了遍布全球的研发网络，在中国、东南亚地区、欧洲地区、中东地区、北美洲地区等均设立了研发中心，并与全球 150 多所知名高校的 100 多个科研团队开展科研项目合作。2019 年 7 月 22 日《财富》世界 500 强中排名第 182 位，是中国互联网的领先龙头企业，在 2019 年世界品牌实验室评选世界品牌 500 强企业中位列第 75 位。

（二）阿里巴巴并购 LAZADA

LAZADA 成立于 2012 年，是东南亚领先的电子商务平台，月度活跃消费者超过 5000 万。集团致力于通过领先的科技、物流和支付体系构成的电子商务生态系统，连接印度尼西亚、马来西亚、菲律宾、新加坡、泰国和越南六个市场，并促进东南亚区域整体发展。

1. 并购背景

阿里觊觎东南亚有三个因素：第一，资本优势。第二，经验优势。第三，市场使然。随着中国这个全世界第二大经济体产业升级和经济结构的调整，东南亚已经成为了全球范围内新的人口红利区域。极佳的地理区位、巨大的消费潜力、稠密的廉价劳动力，让这个区域成为了承接全球范围内制造业的不二选择。

电商平台的发展离不开广泛的人口基数、可深度挖掘的人口消费能力和日益增长的物质需求。而在这些方面，东南亚都是极其符合。一个拥有 6 亿人口的区域，电商销售占总销售的比重仅有 3%，而中国是 15%。而东南亚智能手机用户超过 2.5 亿，除新加坡智能手机渗透率超过 85% 以外，其他国家渗透率增长基本都保持在 50% 以上。

2. 并购过程

2016 年 4 月，阿里巴巴以 10.2 亿美元现金（约合人民币 66.07 亿元）收购 LAZADA 约 54% 的股权。交易完成后，LAZADA 成为了阿里巴巴的子公司。2017 年投资 10 亿美元增持其股权至 83%；2018 年 3 月，阿里巴巴再追加投资 20 亿美元。目前，阿里巴巴对 LAZADA 的投资额总计已达到 40 亿美元，并将全球的供应链带到东南亚市场，LAZADA 已成为阿里巴巴集团的东南亚旗舰平台。

3. LAZADA 与阿里巴巴的海外战略布局

阿里基于电商业务为中小企业和个人搭建共享的、创新的、高效的、综合的平台，从而实现自身企业价值最大化。因此，从国内的淘宝、天猫，到包括 LAZADA 等海外和跨境电商的大众平台，阿里把核心业务从国内延伸到了全球。

阿里相信 LAZADA 会成为拓展东南亚消费市场的媒介，在引入中国商家和国际品牌方面拥有巨大潜力。LAZADA 在东南亚六国经营着包括本土语言的网站和移动端的 APP 的电子商务平台，为品牌和商家提供了一站式的市场去获得 6 国的消费者。LAZADA 也通过自营业务直接在平台中销售商品。此外，LAZADA 有着广泛的区域物流体系，凭借高度可推广的仓储管理系统的支持，可以确保快捷、可信赖的订单配送服务。

拥有独立的物流体系和本土语言的终端系统，固然是阿里在收购之时就已经看重的，也正因为如此，LAZADA 可以在阿里的全球大盘中与天猫国际、淘宝国际、全球速卖通等平台区分开来，成为阿里的重要战略补充。因为其他平台，无论是国内市场还是跨境销售，无论货物是取之中国还是卖向中国，都依附于中国这个最大的消费市场的，而 LAZADA 是一个独立的区域市场。

东南亚在阿里全球化战略布局中地位举足轻重，因为它的网络用户年轻有活力、有新思维，重要的是有着巨大的购买潜力，所以东南亚市场堪称是一个巨大的蓝海市场。而 LAZADA 作为东南亚市场主要的电商平台，阿里自然不容错过。阿里投资东南亚电商平台 LAZADA，带去整个阿里巴巴生态集团丰富的电商资源，重造了 LAZADA 技术后台以及全新用户端 APP，更流畅地服务东南亚的消费者。

截至 2020 年 3 月，LAZADA 在东南亚六国都有独立站点，独立平台服务当地消费者；独立扩大整个东南亚的物流网络，以及推进当地电子钱包，金融领域的一些合作。平台用户超过 3 亿个，拥有 400 万日均访问量和 5500 万月均独立访问量，主要经营 3C 电子、家居用品、玩具、时尚服饰、运动器材等产品。从成立至今一跃成为东南亚最大的电子商务平台之一，毋庸置疑 LAZADA 已成为东南亚 AMAZON。LAZADA 平台有超过 15 万卖家入驻，其中品牌供应商超过 3000 家，用户数覆盖 5.6 亿人。

二、阿里巴巴并购 LAZADA 的动因分析

企业如何在激烈的竞争中保持领先是其面临的首要问题，而并购 LAZADA 恰恰在战略上符合拓展国际市场的业务，达到资源的优势互补，从而达到"1+1>2"的效果。另一个重要的原因是当企业进入一个新市场的时候，尤其是像东南亚这样复杂、充满挑战的新区域，本地的创始人会拥有独特的优势。阿里巴巴并购 LAZADA 背后的投资逻辑主要源于以下六个方面：

（一）源于市场

互联网企业进行海外直接投资的主要动力是追求广阔的市场。以跨国投资并购为主要表现形式的对外直接投资，当投资结束后可以利用标的企业已有的市场用户，营销网络等资源来扩大市场份额。我国企业对外直接投资可以有效合理地使用目标国家及标的企业自身已有的市场资源，实现"借道超车"。在阿里巴巴并购 LAZADA 的案例中，市场原因主要在于东南亚市场发展迅速以及消费者基数庞大。

作为继中国、欧洲、美国之外拥有 6.7 亿消费者的第四大市场，GDP 达到 2.7 万亿美元，增速达到 5.2%，其中人口规模在全球排名第三，当中 3.6 亿人为互联网用户，90% 的人通过移动设备接入互联网。东南亚是全球互联网普及最快、人均上网时长最长、社交媒体最活跃、年轻消费者最多的区域之一。东南亚无疑是数字商业和创业者的蓝海市场。

人均消费水平在过去几年稳步增长，接近 3000 美元。整个年龄结构也趋向于年轻化。20~49 岁的人群超过 45% 的占比。而互联网渗透率高达 55%。回望过去，2015 年，整个东南亚网络零售接近 55 亿美元，到 2018 年接近 233 亿美元，增速达到 4.2 倍。每年都是以 100% 的速度增长。据估计，电商业态整个网络零售在 2025 年会超过 1000 亿美元。

东南亚地区具有较强的区位优势，并且拥有很多资源，旅游市场活跃，带来不错的市场潜力，东南亚也被部分国内互联网公司当作是国际化的支撑点。东南亚人口基数庞大，开发潜力大。根据 LAZADA 经营范围内的 6 个东南亚国家的统计表明，其 6.7 亿人口中青年人比例达到 34%，略高于中美及其他地区国家的青年人口比例。

东南亚庞大的年轻消费人群以及中小企业，正在通过 LAZADA 驶入数字生活、数字经营的时代。目前，LAZADA 是东南亚服务最多消费者和增速最快的电商平台，截至 2019 年 8 月，年度活跃消费者超过 5000 万，连续三个季度的订单增长超过 100%，2019 年第二季度的增速为 128%。LAZADA 集团首席执行官皮尔·彭龙表示：阿里巴巴为 LAZADA 提供了东南亚地区最先进的数字化经营专业知识和经验。LAZADA 将持续专注于投入物流，支付和技术基础设施，夯实长远竞争优势。

东南亚是一个增速很快的市场，一个非常有潜力的市场，一个让我们觉得充满活力的市场。经济的提速，年轻的消费者结构以及中产阶级数量不断地增加更能促进阿里巴巴互联网电子商务平台的发展。

（二）源于品牌价值增值

中国互联网企业起步较晚，国际化较晚，全球知名互联网的中国品牌明显少于欧美发达国家，中国互联网品牌在全球范围影响力也相对较弱，各类产品在全球中高端品牌市场中仍有很大的提升空间，品牌国际化进程和中国海外国际化战略的理想目标仍有差距。

在阿里巴巴并购 LAZADA 的案例中，其依托 LAZADA 的品牌效应进入东南亚市场，有利于快速在东南亚开展经营。阿里巴巴并购 LAZADA 的战略目标：收购知名品牌，进入东南亚电商领域，所以在并购前，阿里巴巴可以选择的东南亚电商品牌如表 3-1 所示。

表 3-1　阿里巴巴并购前可选择的东南亚电商品牌统计

新加坡	马来西亚	泰国	越南	菲律宾	印度尼西亚
Zalora	Zalora	Zalora	Zalora	Zalora	Zalora
Shopee	Shopee	Shopee	Shopee	Shopee	Shopee
LAZADA	LAZADA	LAZADA	LAZADA	LAZADA	LAZADA
Ezbuy	Ezbuy	Ezbuy	11street	Ensogo	Ezbuy
Qoo10	Qoo10	Tarad	Tiki.vn	Tokopedia	Qoo10

资料来源：根据公开网站资料统计整理而得。

东南亚六国电商平台屈指可数，Zalora 为时尚类电商平台，不属于阿里巴巴出海收购的范畴，不符合投资标的；Shopee 当时已经和国内另一家互联网巨头公司——腾讯进入合作的关键期；LAZADA 是唯一在东南亚六国均开展了业务，虽然总业务量并不是非常大，但是业务种类符合阿里巴巴出海战略要求，同时 LAZADA 的业务量的广度和深度对阿里来说进退都较容易。

（三）源于技术

在阿里巴巴收购 LAZADA 案例中，虽然东南亚国家的互联网经济开始较晚，并且在关键技术上与我国还存在较大差距，阿里巴巴虽然不是为了相关技术进行此次收购，但此次收购有利于阿里技术的普及和研发，并且可以结合东南亚市场不断优化调整自身技术。阿里巴巴与 LAZADA 共享阿里云技术，LAZADA 通过阿里云后台的数据处理能力，分析市场内消费者的购物偏好、产品需求，有针对性地提出不同阶段的运营方案。同时，阿里也能更深刻地了解到东南亚市场与本土消费者对不同产品的需求差异，帮助中国商家更有效地进入东南亚六国。

（四）源于扩大出口规模

扩大商品出口是企业对外直接投资的重要原因之一。根据国际直接投资中一国对外出口的规模和其对外投资呈正向相关的理论，自我国改革开放和加入世界贸易组织以来，中国制造的商品具有物美价廉且供应量庞大的特点，以阿里巴巴为代表的中国互联网企业开始实施跨境投资和并购，使本土企业通过互联网电子商务平台方便地与国外大量客户对接。在市场上，商品生产、仓储仓库、保税区和物流网络都是商品出口时候所必须使用的，我国互联网企业应该紧随时代经济发展的步伐，利用好出口这驾马车，开展合理的投资收购活动来增加企业规模，改变经济活动中资金流量问题。

阿里巴巴并购 LAZADA 有利于为阿里巴巴平台中的商家打开东南亚国家市场，通过国际化投资，将东南亚数以亿计的市场存量激活，刺激国内市场的供给，提升中国的出口水平，为阿里巴巴的国际化扩张提供支持，对其打造国际知名互联网企业的目标意义深远。

（五）源于增加企业盈利

企业设立的目标是为了追逐利益，企业的盈利能力决定了企业的生存空间。随着企业的不断发展，不断进行各项探索，不断优化经营管理模式，最终的核心目的一定是为了增强企业的盈利能力。中国经济实力的不断提高，使国内企业国际化竞争力逐步增强，中国资本的对外直接投资净额也在大幅提高，国内企业逐渐开始考虑通过海外直接投资来转变经营发展方式，而采用对外直接投资方式可以获取速度经济，进而大幅提升盈利能力。

截至 2019 年 12 月 31 日的 2020 财年第三季度财报[①]阿里巴巴第三财季营业收入 1614 亿元，市场预期 1592.09 亿元，2018 年同期为 1172.78 亿元，同比增长 38%，中国零售市场移动月活跃用户数量超 8 亿，2019 年 12 月淘宝直播产生的月活跃用户数量同比增长翻倍。

阿里巴巴在财报中表示，国际业务全球各市场增长强劲。旗下东南亚电商平台 LAZADA 的订单量三季度活跃商家数量同比翻番。在阿里巴巴 2020

[①] 阿里巴巴财年与自然年不同步，从每年的 4 月 1 日开始，至第二年的 3 月 31 日结束。

年第三财季中，LAZADA 订单的同比增幅达到 97%。

（六）源于政策支持

互联网企业对外直接投资离不开国家政策的引导和支持。政策是一个国家或行业发展方向的最高指示，一般而言，相关政策会明确规定对某个行业的限制及发展趋势。国际对外直接投资隶属于国家对外政策中关于经济金融领域的战略决策，必然和国际格局和世界各国的政策遥相呼应。阿里巴巴并购 LAZADA，得益于"走出去"战略和中国互联网相关金融、基础设施、物流及配套服务的政策扶持。

总之，作为东南亚最大的电商平台之一，LAZADA 不仅在技术、数据上全面接入阿里巴巴，在市场活动上也与阿里同步：2018 年"双十一""双十二"，LAZADA 都是重要的参与者。在东南亚、南亚、中东等互联网行业发展速度不及中国的地区，阿里可以扮演"传火者"的角色，将先进的制度与理念输出出去。因此，即便在印度和土耳其，阿里巴巴也更倾向于以并购加强执行力。

三、阿里巴巴并购 LAZADA 中的风险与应对

（一）互联网企业微观层面的风险

通过对我国对外直接投资现状分析可知，由于世界市场的差异和不确定性，加之互联网行业的特殊性，我国互联网企业的对外直接投资面临着诸多风险，如政治、经营、外汇、跨文化管理风险等。阿里巴巴并购 LAZADA 后主要存在如下政治风险问题：其一，国家数据安全。互联网企业并购后必然存在数据资源流通共享，对中国及东南亚各国的数据安全可能造成威胁。阿里巴巴海外并购 LAZADA 时，由于行业特殊性，数据安全不容忽视。其二，投资东道国是否支持特定行业发展。一些东南亚国家对外保密程度较高，受限于政府安全政策，对于互联网行业限制较多，此类政治环境不适合互联网企业对其投资。其三，投资标的国是否设置贸易壁垒和严苛的关税贸易政策。即便互联网是跨境电商交易的主要平台，但是在货物进出口买卖及跨境运输上仍然依赖于传统的贸易方式，所以必须要有规范公平的通关流程。

（二）阿里巴巴并购 LAZADA 主要存在的技术风险

技术风险是指产品在海外开发过程中的风险，如海外技术及专利如何保护、技术产品如何进入市场等引起的各种问题及风险。

阿里巴巴并购 LAZADA 主要存在的技术风险：第一，阿里巴巴并购 LAZADA 后，因未充分开发挖掘技术价值洼地，造成技术沉没成本，原有阿里巴巴的技术未充分开发运用到 LAZADA 在东南亚地区的运营中。第二，处理好掌握企业核心技术的人员的使用问题，避免有竞争性的核心技术落入行业内的竞争企业。因此，企业在投资并购时，特别是互联网企业，若有意发展标的公司的技术，对外直接投资的投资方需要确认已获得技术和相关技术人员，并且确保在合同期内可以将被并购方技术合理保护、开发和利用，否则会发生技术风险问题。第三，技术转移的风险问题。LAZADA 位于东南亚地区，技术发展滞后，大部分区域基础设施落后，科技智能化的物流配送基地缺乏，这限制了跨境电商平台的物流效率，并随之引发商品问题。一旦并购后承接技术转移出现问题，将会影响最终阿里巴巴在东南亚的布局，这些关键性的因素都会影响到后续的技术转移和投资利益。

（三）阿里巴巴并购 LAZADA 存在的汇率风险

企业对外直接投资过程中，由于外汇汇率的不确定性及受到主客观约束或许存在不确定性，如果企业选择的支付方式或融资手段不当，会使投资标的企业财务状况出现恶化、资金链脱节而面临极大的流动性风险。

东南亚各国货币与我国人民币之间的汇率变化会因各国之间不同的外汇管理政策，在投资过程中、企业管理运营过程中和结汇时，都存在外汇风险。外汇风险会导致企业资产价值变化，造成企业价值缩水等问题。

由于网上支付涉及跨境金融的特殊性，跨境电子商务平台的支付体系是否适用于东道国的具体环境就显得尤为重要。阿里巴巴收购 LAZADA 希望将阿里巴巴的支付宝品牌应用到 LAZADA 平台的支付环节，丰富其支付体系。然而，由于东南亚国家技术落后，限制了互联网在线支付技术的拓展。第一，一些东南亚国家经济发展欠缺，信用卡和网上支付方式普及程度不足，在许多国家，近 60% 的居民没有银行账户和信用卡。第二，东南亚地区虽然网络不断普及，但是仍有相当一部分网民对网络线上交易持观望态度，他们更偏好货到付款、银行转账等交易支付方式。虽然该地区互联网企业平台不断发展，但如果对在线支付方式存在质疑，那阿里巴巴投资 LAZADA 难以取得规模效益。因此，互联网用户消费习惯是否建立、用户是否对网络在线支付有足够的信任和信心等都将在支付层面影响后期的企业运营。

（四）阿里巴巴并购 LAZADA 后面临的经营管理风险

经营管理风险指的是企业在对外直接投资并购中由于生产经营环境的变化或由于经营手段、市场经营策略进而引发的一系列经营风险问题。

由于内外部经营环境变化容易引发经营管理问题。对于 LAZADA 平台业务，在东南亚市场上进行管理运营主体变更为阿里巴巴，但此次投资前，阿里巴巴的业务从未涉及东南亚地区，缺乏对该地区的运营管理经验，加之东南亚地区本就复杂多变的经营环境构成了外部经营管理风险。并购前，阿里巴巴和 LAZADA 在管理模式、业务模式、营销模式、市场运作模式等方面均不同，这构成阿里巴巴内部管理风险。因此，阿里巴巴"走出去"必然会遇到国际经营的外部风险和企业管理的内部风险，这对阿里巴巴的经营管理提出了更高的要求。投资完成后，阿里巴巴应首先对企业进行自查，对企业并购重组后的市场经营环境、客户需求、预期收益和面临的风险等进行综合分析和评价；其次根据实际情况积极转变创新管理模式，有效防范和应对经营管理风险。

（五）不同国家差异化及文化的风险与挑战

对于东南亚来说，互联网科技的兴起还处在黎明前夜。在一片空白的土地上，既有机会也有挑战。挑战在于差异化巨大。东南亚六国的人文、宗教、信仰、语言差异都很大，这对他们的购物习惯也造成了影响。在中国，设计师的一款产品可以卖向全国各地。但在东南亚，同样设计的产品需要变更多种样式，最起码得转换成四种语言，才能适应不同国家的需求。差异化明显是首当其冲的问题。要求电商平台要基于不同国情的国家展开本土化运营，无形之中会增加公司的运作阻力。东南亚六个国家的宗教人文有明显差异，甚至于同一款产品在不同的国家，当地消费者的搜索关键词也存在差异。

文化风险是指企业对外直接投资中遇到的政治制度、文化环境、风俗习惯等方面的差异所产生的国家间文化差异，很容易造成企业后期生产经营中关键环节的问题，诱发投资的失败。

阿里巴巴并购 LAZADA 后首先遇到的是国家层面的文化风险问题。

LAZADA 所处的东南亚市场包括六个国家，各国都有自己的文化，因此东南亚各国的消费者也有不同的心理偏好。对该地区企业并购之后必然面临文化冲突，处理不当很可能引发文化风险问题。对于 LAZADA 来说，阿里巴巴的公司架构相对比较垂直，企业的经营管理决策通常由企业的高层领导商讨决定，核心管理层之外的员工往往负责具体决策的落地执行，并且中国本土企业还有保守的特点，对风险比较厌恶。跨国投资并购后的阿里巴巴与 LAZADA 处于多元文化并存状态，文化差异提高了企业投资后的整合难度，因此阿里巴巴对文化风险的管理、预防和控制至关重要。此外，政策的波动也是不稳定因素。为了提升竞争环境的公平性，马来西亚、印度尼西亚等东南亚国家正在陆续推出数字税。

（六）人力资源风险

阿里巴巴并购 LAZADA 后，上到企业的核心管理层，下到基层员工都将面临重组，一些老员工会对管理者、新同事、公司新文化和经营管理理念等存有抵触情绪。由于互联网电子商务企业特殊的行业背景，从业人员的流动性，核心人员的离职率较高，若进行对外直接投资后不能将人力资源良好整合，会导致集团员工的工作积极性下降，影响工作效率，使得集团在后期的管理运作方面存在极大的风险问题。

具体来说，阿里巴巴在并购 LAZADA 的过程中面临如下风险：第一，在东南亚地区，互联网电子商务企业起步较晚，专业性人才缺乏。大部分人对互联网和电子商务的概念了解不多，熟知互联网行业以及电子商务平台经营管理的专业经理人才缺口大。第二，核心关键人员的流动风险。如果是那些在互联网行业运营管理上有经验的职业经理人和掌握核心技术的员工，在并购后由于人力资源整合不当，引发核心关键管理人或员工有抵触情绪而引发离职，就会使得公司面临核心技术丢失、核心信息数据泄露、人力经营管理不当等多重问题。

四、阿里巴巴成功开拓海外市场的借鉴与启示

（一）评估东道国的政治、经济、相关产业政策等方面

关注所在国的政治经济形势，企业进行并购一定要了解东道国的相关产业政策以及对企业并购的相关限制等内容，加强与被并购企业所在国的联

系。阿里巴巴擅长长线投资，而电商所处的零售业，涉及国计民生，所在国家局势是否稳定、关税政策、对中国商品的友好程度、贸易壁垒，同中国的政治关系等都可能影响阿里对项目的风险评估。

（二）谋求全球生态化发展

说起跨境电商，阿里巴巴生态的速卖通可以说是跨境电商的鼻祖。速卖通已有九年的历史了，服务海外 C 端消费者，速卖通平台上提供 18 种语言，面向全球 220 多个国家，月访问量达到 2 个亿，其中在 100 个国家的 APP 下载排名中排名第一。除此之外，阿里巴巴还有针对海外 B 端客户的阿里国际站 Alibaba.com。国际站发展于外贸时代，在"一带一路"沿线国家，阿里巴巴国际站上的交易仍很活跃，交易额每年翻倍增长。阿里巴巴过去一年大举并购本土 B2C 电商平台，正在从"跨境 B2C"和国际站"跨境 B2B"业务扩展至全球本土化的 B2C 生态。电商深化发展之后，必然面临如何更好匹配用户习惯和提供更好购物体验的挑战，阿里巴巴恐怕比市场上任何人都更深刻理解 B2C 电商对这个立体生态的战略价值。

（三）看中控制权，逐步收购全部股权

阿里的投资并购很少一开始全资并购，逐步地收购剩余股权。以 LAZADA 为例，2016 年以 10 亿美元获得控制权，后来阿里巴巴总共花了 40 亿美金元获取了 LAZADA 的全部股权。在最近的投资并购案例中，无一例外，阿里巴巴最看重控制权，控制权可以说是阿里巴巴投资并购的一个前提条件。

阿里巴巴对 LAZADA 的控股投资，即所谓"阿里喜欢全面收购"的刻板印象，也是从 2016 年以来逐步形成的。阿里喜欢"交给合作伙伴干"。不是"自由"，而是"执行力"；不是"独立"，而是"整合"。因为只有整合，才能最大限度地发挥阿里巴巴的组织、运营能力。阿里体系高度重视执行力，自上而下的文化熏陶非常强势，事业群、事业部负责人经常轮岗收购 LAZADA 等一系列举措，阿里巴巴的并表范围迅速扩大，而且在并购之后还会派驻管理层和核心员工，实现全面、直接的控制。而阿里巴巴的交叉导流、强大的地推、市场活动的丰富经验……在阿里巴巴体外是很难得到的。

阿里的体系不仅适用于国内，也早已扩张到海外。作为东南亚最大的电商平台之一，LAZADA 不仅在技术、数据上全面接入阿里巴巴，在市场活

动上也与阿里同步：2018 年、2019 年的"双十一""双十二"，LAZADA 都是重要参与者。蚂蚁金服前董事长彭蕾于 2018 年 4 月接任 LAZADA CEO、12 月专任董事长。在东南亚、南亚、中东等互联网行业发展速度不及中国的地区，阿里可以扮演"传火者"的角色，将先进的制度与理念输出出去。因此，即便在印度和土耳其，阿里巴巴也更倾向于以并购加强执行力。

（四）充分进行国际市场调研，正确选择并购目标

寻找与自己战略互补、业务相关以及有形资产匹配无形资产等的目标企业是并购成功的必要前提：

1. 东南亚的互联网普及发展快

2008 年，东南亚的整个互联网的普及程度以及它的人群才接近 1 亿左右，而今天已经超过 3 亿互联网人群。

2. 东南亚互联网人群上网时间长

东南亚互联网人群平均上网时长超过 10 小时，远远高于中国人均上网时长 5.8 小时，其中菲律宾、泰国、印度尼西亚上网时间都超过了 8 小时。

3. 网络渗透率高达 80%，用户热衷社交媒体

据数据显示，泰国和新加坡两国整个互联网渗透超过 80%，其中移动上网的渗透也是超过了 80%。

4. 文化、风土人情各异

东南亚 LAZADA 六国有各自的文化底蕴、不同国情以及不同的经济收入结构和人口结构。阿里巴巴只有更加融入当地文化，尊重当地消费者，才能更好更流畅地服务于当地消费者，得到消费者的认可，才能不断使 LAZADA 更加壮大。所以，培养本地商家也是阿里巴巴赋能 LAZADA 融入并尊重当地文化的一个极其重要的体现。

（五）注重品牌建设和宣传，拓宽营销渠道，积极探索新兴市场

品牌的国际化知名度对于企业的国际化市场开拓意义深远，国际化品牌更容易被消费者了解、尝试、认可和复制，实现产品价值增值；随着世界经济全球化和世界不同领域内知名品牌的垄断经营，企业的国际化竞争日趋激烈，高知名度的国际化品牌以及相对完善的营销网络对于新时期企业的国际化营销十分重要。

阿里巴巴建立 LAZADA 的品牌增值主要通过以下三个途径：第一，收

购互联网电子商务平台 LAZADA。通过 LAZADA 在东南亚地区的品牌知名度，搭建基础平台，培养网购市场用户。第二，通过 LAZADA 自建支付平台。在东南亚市场引入支付宝品牌、加快支付宝支付的海外运营布局。第三，把 LAZADA 自建物流体系与东南亚地区的其他物流品牌结合，发展物流体系，并大力推进阿里巴巴品牌——菜鸟物流体系。

LAZADA 平台为 B2C 的商家提供一站式的物流解决方案。商家可把货直接送到深圳仓、义乌仓等，商家货物国内仓储的布局、后端的跨境端以及配送和清关都是由 LAZADA 一起解决的。这样极大地方便了中国制造的一些产业带的商家解决跨境物流的问题。

（六）嫁接但不复制天猫，技术胜出，研发领先

技术成为改造的第一步。以智能客服为例，阿里巴巴专门为东南亚市场研发了一套智能客服机器人。目前，客服机器人可用英语、泰语、印度尼西亚语、越南语四种语言回答六个国家用户的提问，并解答各种售前售后疑问。技术支持只是一种路径，更重要的是输出团队的经验。淘宝上的一批成熟的应用，也已"嫁接"给了 LAZADA，如图像搜索、互动游戏、直播视频等。LAZADA 将决策权下放到东南亚六国的本地运营商手中，总部只是作为一个连接的平台。

LAZADA 可以借鉴阿里巴巴在中国市场 20 年的成功经验，但又不只是单纯复制淘宝、天猫，而是基于这一年轻又快速变动的市场，不断进行创新。在这里我们就不会严格划分品牌和小卖家的界限，因为这个市场整体规模都比较小。

2018 年 3 月，阿里巴巴—LAZADA 深圳研究院的设立，充分体现了技术和资源的进一步合作。LADADA 的研发投入增加，用于平台和移动终端的设计与体验改良。平台日购买者与当天浏览用户比提升了 30%。通过与菜鸟物流的合作，使物流成本下降了 10%，平均送货时间也由 7 天降至 72 小时。平台拥有了 20 万+的优质商家和 1000 万+的高质量商品。

（七）实现资源的优化配置——LAZADA 电商生态系统

阿里巴巴的进驻，不仅给 LAZADA 带来了强大的资金力量，同样也带去了整个阿里巴巴集团成功的生态链。重整 LAZADA 技术后台和推出全新用户端 APP，在东南亚六国设立独立站点，扩大物流网络等基建，以及推进

与当地金融领域的密切合作推动电子支付等，更流畅更好地服务于东南亚本地消费者。

1. 物流：使命必达

自创立之初，LAZADA 自建物流网络，凭借平台端对端物流能力及对供应链的全面掌控，帮助消费者实现买到心中所爱的便捷网购体验。目前 LAZADA 在东南亚 17 个城市拥有超过 30 个仓储中心，在各国建立自营仓库、分拣中心和电子科技设施，配合合作伙伴网络，跨境及"最后一公里"物流能力。

2. 科技：智能网购

在成熟及前沿的科技助力下，LAZADA 致力于重新定义零售体验。对实时数据的应用让我们第一时间掌握消费者需求变化，同时，LAZADA 将消费者和品牌连接，创造个性化的互动式体验，目前已成为消费者购物和娱乐的首选电商平台。LAZADA 对科技领先的追求步履不停，凭借 Voyager 项目中阿里巴巴领先技术的协同效应，LAZADA 能够发展创造出规模化且极具竞争力的未来产品和技术解决方案。

3. 支付：安全顺畅的支付体验

LAZADA 致力于打造东南亚最可靠的支付和金融服务基础设施，以保证每一笔交易安全且顺畅。东南亚各国电子支付和电子商务尚处于初期阶段，LAZADA 为消费者提供了一套多样化的支付方式，满足目前需求的同时，引领消费者使用便捷而可靠的电子支付方式。

此外，阿里巴巴加大了对区域内物流体系的建设，支付宝和菜鸟物流也紧随其后，促进了菜鸟网络和 LAZADA 自有物流体系的整合，同时也在移动支付端推荐了 LAZADA 自由的 Hellopay 同支付宝的整合，还加大了促销、物流补贴的力度。目前，东南亚的电子支付并没有形成集中化的市场，银行、通信商、线下零售商以及高频互联网应用都有自己的支付工具。

五、结论

（一）商务和科技创新将加速东南亚的进程

随着新技术革命的发展，提升了世界市场的经济和科技价值，降低了世界范围内的贸易成本，在促进世界范围内经济效率提高的同时，企业也会面临既有技术落后、技术风险等一系列问题。企业必须掌握一定的先进技术，以及通过产品创新实现技术方面的领先优势，在国际化竞争中争得一席之地。获得先进技术的捷径之一是通过境外直接投资获得被投资企业的先进专利技术和各项权益，对优化企业技术结构、提高产品技术含量具有重要意义。

互联网企业通过对外直接投资，可以快速学习最新的 5G 技术、大数据处理技术、云存储技术等世界领先的技术。同时依托于投资标的企业的客户基础，方便互联网企业采集自身所需要的市场数据，如消费者的消费偏好、产品需求，进而通过新技术做出更合理、更接地气的营销方案。同时，技术不断升级创新将对行业的结构优化提供动力。

值得关注的是，作为在东南亚探索全球化的核心业务之一，除了资金，阿里巴巴对 LAZADA 核心资源、人才组织输出等方面的投入也在持续加大。2017 年以来，阿里巴巴在技术上全面推进改造扩容 LAZADA 整个平台体系的项目。据了解，来自淘宝、天猫、技术、物流、产品等核心人才也被大量外派东南亚六国，和 LAZADA 多国人才团队一起探索新模式。抛去宏观和自然方面的客观因素，对于电商巨头来说，至关重要的是能否拥有一支深入了解当地市场的团队。

阿里巴巴借助 LAZADA 平台入驻东南亚地区，提高了其在国际商务中的影响力和竞争力；阿里巴巴和中国各大物流运输企业加深战略合作，随着合作的深入，菜鸟物流的全球化布局已初见端倪；蚂蚁金服和支付宝也通过此次跨境并购，进一步打进国际市场。这些关键性的全球布局，提高了阿里巴巴的企业盈利模式和核心竞争力。目前，LAZADA 平台拥有来自品牌和商家最丰富的产品，集团目标是于 2030 年服务 3 亿消费者。

（二）数字经济带领东南亚国家进入智能客服时代

2019 年 9 月 19 日，LAZADA 宣布升级跨境业务战略，加速国内商家入驻，提升运营服务能力。阿里巴巴集团客户体验事业群与 LAZADA 合作，已向 15 万商家输出了智能售后服务新模式（Direct Return To Merchant，DRTM）。该模式已覆盖 6 个国家的 15 万商家，节省了 1000 多服务人力。

数据显示，2019 年前 3 个季度，LAZADA 整体订单数以 3 位数高速增长，在订单量高速增长的情况下，LAZADA 服务效率也提升了 25%。DRTM 是在阿里巴巴服务操作系统赋能下，以智能化服务工具帮助商家降本提效的一种数字化售后新模式，能显著提升商家服务解决率和消费者体验，降低服务成本和退货物流成本。此外，阿里巴巴服务操作系统在 LAZADA 的综合应用，不仅包含智能售后工具、智能客服工作台、小蜜机器人，还囊括了培养东南亚数字经济服务人才的培训体系。

随着 2019 年智能客服工作台的上线，不仅打通了传统热线、在线咨询，并结合东南亚用户实际情况，打通了网页、电子邮件以及 Facebook、Twitter 等社交媒体用户咨询渠道。

（三）民营企业是对外投资的生力军

民资力量种类多、数量大、机制灵活、渗透力强。阿里巴巴集团作为国内的互联网龙头企业，在此方面具有示范效用，企业利用自身资本与技术优势投资东南亚市场，是出于企业自身战略布局考虑，但客观上也会拉动区域内消费、基础设施建设、就业和经济发展。与国家出资或中央企业投资的重大项目不同，民营企业在贸易互通上可以起到更广泛、更深入的作用。

作为龙头企业的阿里巴巴，也正通过其影响力，不仅在民间贸易的渠道，也在更广泛的领域传播着企业自身的价值观和诉求。东南亚各国风土人情、文化习俗各不相同，生搬硬套国内的成功经验肯定不会成功，构建一支深入洞察人性的团队是关乎成败的。这意味着要对当地政策、法律、人文、市场各方面有着深刻的了解，意味着因地制宜地开展策略。

总之，何时选择全面并购、何时选择战略投资和联营，一部分取决于企业文化和创始人的性格，另一部分则取决于企业当前所处的发展阶段。或许明年此时，我们讨论的事实又会有翻天覆地的变化。一切皆有可能，唯一不变的事情是变化本身。

（四）"新冠肺炎"疫情让人们看到了对电商前所未有的需求

受"新型肺炎"疫情的影响，东南亚六国经历了短暂的恐慌性购买后，如今更多的消费者开始上网购买食品、杂货和其他物品。LAZADA 的杂货零售部门 RedMart 表示，在新加坡，该公司"看到了前所未有的需求"。RedMart 成立于 2011 年，是新加坡一个网络百货零售店，2016 年被 LAZADA 收购。LAZADA 新加坡公司 CEO 詹姆斯·张（James Chang）表示，"新冠肺炎"疫情期间消费者购买的主食相当于之前的 4~10 倍，纸制品相当于之前的 3.5~5 倍，个人护理和家庭清洁用品是之前的 2~6 倍。由于人们争相批量购买，RedMart 的订单比之前每周平均订单数量多出 300%。为了防止恐慌性抢购，RedMart 还对某些商品实施了购买限制。网络订单的剧增也给快递企业带来了巨大压力。据一份行业报告称，新加坡的网购趋势将继续增长，因为该国 2019 年的互联网经济价值达到了 120 亿美元。由于人均收入较高，新加坡网络订单的平均价值是东南亚其他地区的 3~4 倍。此次疫情的防控逻辑与经济的运行逻辑完全相悖，经济的正常运转高度依赖于频繁的人员流动和接触，而疫情防控则要求限制人员流动和阻隔人员接触。因此，"新冠肺炎"疫情让人们看到了对电商前所未有的需求。

（五）笃定新兴市场，开辟欧美市场

从 LAZADA 所在的东南亚市场，到印度、土耳其和巴基斯坦，阿里看重人口基数大、电商刚刚起步、市场格局尚未形成的市场。这两年不断涌现出来的中国跨境电商在中东的数据增长迅猛，不论从增长速度还是潜力来看，都可成为阿里巴巴今后投资并购的标的。此外，全球新兴市场中，符合阿里巴巴投资喜好的人口基数大、政治经济稳定的市场，还有泛非洲和拉美地区尚未涉及。

阿里巴巴目前在欧洲只有两个数据中心，分别位于德国法兰克福和英国伦敦，相比之下，阿里巴巴在中国运营着九个数据中心。此外，阿里巴巴云计算业务已经开始海外扩张，在美国建设了两个数据中心，另外在中东、日本和澳大利亚也各自开设了数据中心。这个数字还会继续攀升。对于云计算巨头来说，继续的市场扩张意味着在更多的地理位置建设更多数据中心，靠近当地的企业、政府机构和消费者，并且推出更加丰富的云计算产品线。阿里巴巴用盈利的电子商务业务补贴其尚未盈利的云计算业务。

阿里巴巴 2019 年在欧洲推出速卖通，保持了这一发展势头，最初的重点是西班牙、意大利和土耳其。2019 年 8 月，阿里巴巴集团还在西班牙马德里开设了第一家实体商店，展示 60 个品牌的约 1000 种产品。阿里巴巴的扩张战略很可能会继续下去，因为获得海外购物者将有助于其在 2024 财年结束前，让集团的全球活跃购物人数超过 10 亿人，并且在 2035 年翻 1 倍，达到 20 亿人。

通过以上分析可见，中国互联网企业阿里巴巴对东南亚电商 LAZADA 的对外直接投资案例，进而总结出推进我国通信互联网行业海外投资的相关建议及对策。随着世界经济自由化和全球化的进一步加深，中国经济的飞速发展使我国互联网企业对外直接投资面临新的机遇。科学有效的对外直接投资建议有助于增强我国跨国公司对外直接投资的信心，对于提升我国企业的国际影响力，推动我国经济持续发展具有重要意义。

第四节　福耀集团国际化之路的经验与启示

曹德旺看到国内汽车玻璃 70% 依赖进口的现状时，于 1987 年创立福耀玻璃，后发展为福耀集团。如今已占据国内市场份额的 60%，全球市场的 25%。曹德旺的美国工厂被业界视为企业"出海"最真实、最鲜活的案例。

近年来，中国资产价格上涨，能源和劳动力成本上升，直接推动中国个人和企业向美国投资。相比地产等资产类投资，美国人更喜欢能够解决当地就业的投资，这也是福耀集团在美投资顺利推进的原因之一。

一、福耀集团"走出去"的现状与发展

（一）福耀集团"走出去"的发展

中国要保持自己的优势，制造业一定不能丢，必须把注意力放在如何巩固制造业优势上。福耀集团在 2007 年就已经占据了中国国内市场 60% 的份额。与此同时，其仅在全球市场占有 3% 的份额，在国内市场拓展余地有限且成本上升的前提下，扩大海外市场成为其做大做强的必然选择。同时，也符合政府调整经济结构、产业结构和实施"走出去"战略。

2010 年，美国通用汽车向福耀集团提出要求，2016 年之前必须在美国建一个工厂进行配套生产，这也成为福耀集团在美国寻求投资建厂的主要原因。

2010 年后，随着国家"走出去"战略的实施及全球化发展的需要，福耀集团先后在俄罗斯、美国、德国布局生产基地，通过制造、服务、销售全方位"全球化"，更深地进入世界市场的大海中去。

2013 年 9 月，福耀集团在俄罗斯卡卢加州新工厂第一期 100 万套汽车安全玻璃项目投产，这是福耀作为中国民营企业"走出去"的第一步，此前，曹德旺已经对俄市场进行了长期深入调研，他认为，俄罗斯市场发展潜力巨大。

2014 年，在位于美国中西部铁锈地带的俄亥俄州代顿市，曹德旺将福耀集团的首家美国工厂同时也是首家旗舰级海外工厂，设立在了他的大客户——通用昔日的旧厂房上，将其改造成面积达 18 万平方米的玻璃设计和制造工厂。于 2015 年投入运营，2016 年 10 月投产后仅一年就实现扭亏为盈，

成为全球最大的单体汽车玻璃工厂。解决了美国汽车市场 1/4 玻璃配备需求，并已雇用当地 2300 多名工人。未来预计将解决当地 5000 多人就业。而被收购的工厂，正是十年前起诉福耀集团反倾销的企业之一。如今，福耀集团反而雇用了这个工厂的工人。目前，福耀集团在美国拥有四座制造工厂、两个增值服务中心和一个销售中心。据福耀独家披露给第一财经的文件，截至 2019 年 8 月，集团累计在美国投资约 10 亿美元，雇用工人近 3000 人，美国工厂的年产量达到 400 万套汽车玻璃，每四辆美国汽车当中就有一辆使用福耀生产的汽车玻璃。远赴美国办厂是福耀国际化战略的第二步。而在美国设厂是重要一步，作为"车轮上的国家"，美国是福耀集团最重要的海外市场。如果公司想要国际化，获得美国市场是重要的标志。

2018 年底，位于德国海尔布隆的福耀欧洲公司新厂也竣工投产。福耀集团的玻璃正从在美国、俄罗斯、德国、日本、韩国等 9 个国家和地区建设产销基地，源源不断地供应到德国、英国、意大利等国家，其生产的汽车玻璃在全球市场占有率超过了 25%。

2019 年 1 月，福耀集团拟通过子公司斥资 5883 万欧元收购德国 SAM 的资产。

（二）在美国的投资项目已进入了稳定的获利提升期

福耀集团财务总监陈向明在 2019 年 3 月 18 日的业绩说明会上表示，2018 年福耀集团合并收入 202.52 亿元，上市股东净利润达到 41.2 亿元，两类数据同比都在增长，折合每股的收益为 1.64 元。在美国俄亥俄投资的汽车玻璃和在伊利诺伊州投资的芒山浮法玻璃生产基地，在 2018 年合计实现净利润 3670 万美元，相比 2017 年度提升了近 3600 万美元。整体而言，福耀集团 2018 年的成绩单还是很出色的。福耀集团不蹭热点，恪守于传统制造业，业务模式清晰到一览无余。

福耀集团 2019 年中报显示，截至 2019 年中期，汽车玻璃与浮法玻璃的毛利率均超过了 34%。2019 年上半年，福耀集团继续优化国内外市场结构，国内外营业收入占比从 2018 年的 61.35%∶38.65%，优化为 2019 年上半年的 51.74%∶48.26%，即海外市场的营业收入占比超过 48%，抗区域风险能力进一步增强。

（三）"玻璃"的竞争力

2020 年 2 月 10 日，《美国工厂》获得了第 92 届奥斯卡最佳纪录长片奖。

这部美国纪录片，讲述了曹德旺在美国创立福耀玻璃工厂的故事，里面不乏冲突、矛盾和受挫。影片中，曹德旺通过不断弥合中美文化分歧、与美国工会不断斗争的方式，最终福耀玻璃在美国开始创造利润。纪录片讲述了福耀集团接手美国俄亥俄州代顿市一家倒闭的通用工厂，并改建成玻璃制造厂，从初期的失业工人和当地政府夹道欢迎中国老板的投资，到双方因为文化差异、企业制度、生产模式中产生的摩擦与不理解，再到中美双方弥合分歧共同进步，最终实现盈利的真实进程。在《美国工厂》背后，是大量中国企业在"出海"过程中普遍遇到的"水土不服、不接地气"的难题。

福耀集团早在建厂之初，便把专注、专业作为福耀集团的发展战略，经过 30 多年的发展，福耀集团凭借先进的工艺和过硬的品质，先后通过了多个标准体系认证，同时获得了世界八大汽车厂商的认证。通常获得一项认证的时间为三年左右，这对新的汽车玻璃生产厂商构成了强大的壁垒。同时，由于汽车玻璃产品单价相对较低和重量较重的原因，受运输成本制约，产品的辐射半径相对较小。为此福耀集团采取"厂旁建厂"的策略，紧靠汽车生产厂商建立工厂，直接对接汽车生产厂家。据福耀集团官网介绍，在国内 16 个省建有工厂。在全球布局上，先后在日本、韩国、俄罗斯、德国、美国等 9 个国家设立了工厂或分公司。

由于汽车生产厂商要求设计能力与公司相匹配，为达到要求，汽车玻璃生产厂商需要投入大量资金用于研发设计。为此福耀集团在全球设立了四大研发和设计中心，为宾利汽车、奔驰汽车、宝马汽车、奥迪汽车、通用汽车等世界知名品牌匹配相应的产品设计。据福耀集团 2018 年财务报表披露，报告期内公司研发投入为 8.88 亿元，占应收账款的比例为 4.40%。

福耀集团决定收回以往依靠采购的汽车玻璃相关件，研发新技术补充主产品的下降。长期规划是将上游产品的制造留在国内，下游交给海外公司。福耀集团在美国、墨西哥、德国、俄罗斯等国设厂布局，为众多世界知名品牌汽车以及中国各汽车厂商提供全球 OEM 配套服务。

福耀玻璃的优势，首先行业中毛利率最高，成本控制得最好。2018 年公司的毛利率是 42%，就是因为福耀玻璃形成了全产业链生态，从砂矿资源、浮法玻璃自制、设备研发制造到汽车玻璃生产各环节联合，有效地降低了产品的生产成本。

福耀集团通过对"硅砂、浮法玻璃、汽车玻璃设备、汽车玻璃成型"产业链的各个环节进行深度布局，层层降低成本。如在湖南溆浦、海南文昌和辽宁本溪的三个硅砂厂，通过自制硅砂，一方面保证硅砂持续稳定供应，另一方面进一步降低了浮法玻璃的生产成本。以及推行智能制造对管理生产效率带来的提升，如公司 70% 以上的机械加工设备为自主研发生产，这些设备的成本仅相当于外部采购成本的 25%。据 2018 年财务报表披露，报告期内浮法玻璃产品实现营业收入 32.21 亿元，其中 29.21 亿元产品用于汽车玻璃生产，内部消化占比高达 90.69%。

（四）福耀集团的市场份额持续提升

公司 2013 年港股招股书显示，全球前五大厂商旭硝子、福耀、板硝子、圣戈班、信义的市占率分别为 22%、20%、19%、16%、5%。以此数据为基准，按 2013 年后汽车产量增速估算全球市场份额，按福耀汽玻销量增速估算公司份额增长，其余公司按汽玻营业收入增速测算，则 2018 年五大厂商 AGC（旭硝子）、福耀集团、板硝子、圣戈班、信义玻璃分别占据了全球汽车玻璃 20.6%、26.1%、17.9%、16.0%、6.3% 的市场份额，前五大厂商市占率总和维持在 85% 以上，且福耀玻璃市场份额持续提升（见表 3-2）。

表 3-2　2013~2018 年全球五大玻璃厂商的市场占有率　　单位：%

年份	2013	2014	2015	2016	2017	2018
AGC 份额	22.0	18.7	16.8	19.2	19.8	20.6
汽玻营收 YOY	—	−15	−7	19	6	2
福耀玻璃份额	20.0	22.0	21.7	23.6	24.5	26.1
汽玻营收 YOY	—	10	2	14	6	4
板硝子份额	19.0	18.7	16.5	17.0	17.1	17.9
汽玻营收 YOY	—	−1	−8	8	3	3
圣戈班份额	16.0	14.6	14.0	14.2	15.7	16.0
平板营收 YOY	—	−8	−1	7	13	0
信义玻璃份额	5.0	5.5	5.7	5.6	5.8	6.3
汽玻营收 YOY	—	10	7	4	6	6
全球总量（以 2013 年为基准）	100	100	104	109	112	110
全球汽车产量 YOY	—	0.29	3.63	4.73	2.45	−1.71

资料来源：Wind，Bloomberg。

（五）"美国工厂"继续释放产能

福耀集团在俄亥俄州的工厂布局始于 2013 年，当年该公司耗资 2 亿美元在原通用汽车厂房的基础上新建汽车玻璃生产基地，2014 年又追加 5600 万美元收购美国 PPG 工业两条浮法玻璃生产线，并追加 2 亿美元将其升级改造成汽车玻璃生产线。对原有厂房的巨资投入和升级改造，投产后福耀集团美国终于获得盈利。2018 年福耀集团（美国）为公司贡献净利润 2.46 亿元。不过，从产能设计上来看仍有上升空间。根据设计规划，福耀集团（美国）的产能为 550 万套，但 2018 年仅释放产能 310 万套。华金证券研究报告指出，未来福耀集团（美国）将有望进一步提升市场占有率。据其分析，该工厂 2019 年有望实现产能 480 万套，单价提升至 707.68 元，2020 年实现产能 550 万套，单价提升至 735.99 元。

根据 2018 年的财务报表分析，福耀集团占据了国内汽车玻璃市场的 62.1% 和全球市场的 24.3%。此外，数据显示，2018 年上半年，上市公司汽车玻璃的国内、国外市场占比分别为 61.35%、38.65%；而 2019 年上半年，已经转变为 51.74%、48.26%。可以看出，国外市场在福耀玻璃的营业收入结构中越发重要，而营业收入的增长与其"美国工厂"有关。

作为全球第二大汽车玻璃生产厂商，福耀玻璃通过三十年的打磨和深耕将汽车玻璃产品做到极致，在汽车玻璃行业处于全国乃至世界的领先地位。福耀集团作为与汽车行业高度相关的企业，将形成更加差异化的和附加值更高的产品，同时将进一步完善仿真平台的开发建设及提供智能化生产方案。

2020 年 1 月 6 日，福耀玻璃美国公司宣布，将投资 4600 万美元为其美国俄亥俄州代顿工厂购买新设备。这笔投资预计将为俄亥俄州新增 100 个工作岗位。作为一家来自中国的制造业企业，福耀集团成为美国汽车产业链的重要一环，带动了美国当地其他相关制造业行业的发展，在全球汽车玻璃市场新的竞争格局和利益面前，双方再次走到了一起。

二、福耀集团国际化的主要特点与战略

福耀集团从一家制造水表玻璃的乡镇小厂到大型跨国集团，从低附加值的汽车玻璃产业链底端到汽车配件产业链上游，福耀集团目前的业务覆盖全球超过 70 个国家和地区，总资产高达 317 亿元，其商标更是目前中国汽车玻璃行业的驰名商标。福耀集团从 1987 年的乡镇小厂走向全球市场，

其"走出去"的过程颇具时代特征，其国际化战略也是我国制造业发展的一面旗帜，我们期望通过简单的梳理分析，分别从市场国际化、人才国际化、技术全球化和创新理念全球化等方面浅析福耀集团的国际化战略历程，以期通过福耀集团的典型案例为我国企业，特别是制造业的全球化找到更多的借鉴，不断推动我国企业走向世界，从而提升我国企业在国际舞台上的竞争力。

（一）国际市场拓展战略：当好"配角"，积极尝试

福耀集团的规模已然触及了发展的隐形"天花板"，于是"走出去"拓展海外市场成为摆在福耀集团面前的必选之路。

福耀集团的国际化市场拓展战略可以概括为两个方面：一是利用中国低廉的生产成本，通过价格优势拓展国际市场；二是不断尝试在海外设置机构，加强对外联络和对市场的了解，在实践中学习，达到研、产、销全部在海外完成的目的。

通过低价打开国际市场当然是自然而然的行为，但福耀集团还是有自己独特的见解。"福耀集团来到新的国家，应该学会做好'配角'"，曹德旺一语道破福耀集团在开拓国际市场时的核心理念。2002 年，福耀集团连同一大批国内汽车玻璃制造商被控告，北美汽车玻璃市场的制造商 PPG 等三家企业以"倾销"为名上诉至美国商务部，随后不久 PPG 加拿大公司又将福耀集团上诉至加拿大国际贸易法庭，福耀集团几乎在同一时间遭到美国和加拿大的反倾销调查。虽然在经过艰难的角逐后福耀集团在 PPG 的倾销控告案中胜诉，但是，曹德旺从中体悟到了在陌生国度进行市场拓展的艰难。要想在国际市场中寻求发展，首先必须学会低调，学会当好"配角"。

于是，福耀集团通过不断的尝试，在海外多国逐渐建立起了多个研、产、销中心。1995 年，福耀集团在美国南卡罗来纳州建立了自己的第一座海外工厂，正式开启了国际化的征途。这次的尝试让福耀集团铩羽而归，在工厂建立后，福耀集团发现员工工资实在太高，而每小时的产量又太低，生产成本让福耀集团无法承受；此后福耀集团将工厂改造成仓库，将国内生产的玻璃在这里储藏、更换包装，但是仍因成本问题难以为继；福耀集团只好将仓库出售，把公司进一步压缩，只进行销售。但是失败不但没有压垮福耀集团，反而使其更加强大。曹德旺利用美国的销售处不断积累北美地区市场的信息，为日后重返美国做好准备。同样，早在 1997 年曹德旺访问俄罗斯时

就设立了办事处，以加强对当地市场的了解，14 年之后才在俄罗斯设立了工厂。通过实践和近距离的接触，福耀集团在走向国际化道路上虽然坎坷不断，但其"摸着石头过河"的国际化道路也渐渐走上了正轨。

（二）国际人才使用战略

1. 人才国际化和本土人才化并重

福耀集团的国际人才观，既要注重对本土人才的"武装"，也要促进国内人才的"国际化"。我国每年都有大量的海外留学生，他们在国外学习、交流，对当地的文化、风俗习惯、科技发展等比较了解，是连接中外文化的重要桥梁和纽带。福耀集团的海外机构大量吸收留学人才，加速了企业在当地的融入，有力地推动了企业国际化战略的实现。

无论是在美国还是在俄罗斯，福耀集团都坚持招聘本土人才，实现本土化管理，克服语言文化带来的沟通问题。福耀集团深知本土化是企业国际化的长期战略，因此也制订了为期三年的"国有化计划"，也就是说，更多的美国雇员将需要三年时间来担任管理和技术骨干职位。顺利实施了导师制和学徒制计划，即实行中国师傅带美国徒弟的制度。

2. 用企业文化留住人才

福耀集团的文化是工厂作为企业为发展积累资本，工厂作为学校为发展培训干部。有什么样的领导者，就有什么样的企业文化。①领导行为决定文化形成，许多成功公司的价值观推动，领导人起到了模范带头的作用。他们制定了行为标准来激励雇员，使公司具有自己的特色。②领导者通过改变经营理念和战略来改变企业文化。③建企业文化需要领导者的指导和参与，如果没有领导者的倡导、实际参与和指导，那么一个良好的企业文化就难以形成。④领导者通过沟通和行动塑造企业文化。

（三）技术驱动的国际化战略

要在国际市场立足，一定要依靠自有的核心技术。1998 年，福耀集团在福建福清成立了第一个研究中心，此后不断增加研究力量，在上海、天津、苏州、重庆设立了设计研发机构，此外还走出国门，在美国、德国设立了研究机构，与当地市场需求深度链接。近年来，福耀集团的研发费用占营业收入的比重一直保持在 4% 以上，高于主要国际竞争者旭硝子公司的 3%、板硝子公司的 1.5% 和圣戈班集团的 1.1%。研发新产品，不仅致力于成为供货商、客户需求的创造者，而且超越客户的需求，用生产拉动需求。

（四）用先进理念引领企业国际化发展

在福耀集团多年的发展中一直保持着很强的战略前瞻性，在其同行还在盲目地海外扩张的时候，福耀集团以超前的理念合理布局、稳扎稳打，逐渐在国际市场中分得一杯羹。福耀集团在国际化过程中的成功理念有很多，以下是较为关键的部分。

第一，知己知彼。进行充分的调研，才能行稳致远。福耀集团认为，企业想要"走出去"第一个先问自己为什么要"走出去"？准备拿什么东西"走出去"？对那个地方了解多少？一系列的朴实问题，简单而直接，传达出其核心理念就是要知己知彼，"不打没有准备的仗"，尤其是在一个陌生的国家、陌生的环境里，这样做显得格外重要。曹德旺出手非常谨慎，2014 年才在美国大规模投资，距离 1995 年的初次尝试足足相差 19 年，而在俄罗斯投资，他也研究了 17 年。

第二，多国本土化。制造业"走出去"的含义远远不只是将货物卖到国外，而是要使我们的企业融入全球的市场中，从设计到生产再到销售实现"本土化"。这样，一方面可以提高产品在该区域的竞争力，另一方面也规避了各国对进口产品的管制和控制。福耀集团的本土化策略是以产品先行，在 70 多个国家进行市场调研，等需求扩大时再考虑建厂，建厂时积极雇用、培养当地人才，做到生产、管理的本土化，根据不同国家、不同区域的特点，灵活地调整当地分支企业的结构、功能、员工待遇等，做到在多国进行具有当地特色的本土化。

第三，坚持不断升级技术和生产方式。福耀集团的发展离不开对技术的不断追求，正是这种追求使得福耀集团成为国际化的领跑者。2014 年，福耀集团已经成为世界汽车玻璃制造商之一时，仍然没有放弃对技术的追求。2014 年，曹德旺提出了"科技领先、生产智能化"两大战略。2015 年 4 月，他还提出了"让工业 4.0 落户福耀集团"的口号。2015~2016 年，福耀集团的数字化、智能化实践初见成效。如今福耀集团结合智能化和信息化的生产设备和研究实验室处于行业内先进水平。这些"数字化、智能化"的成果使福耀集团制造成本降低，实现了产品的进一步升级。

三、经验与寄语：福耀集团的成功有望被复制

（一）要在外国市场中摆正位置

曹德旺曾说"走出去"的时候要摆正自己的位置，你是客，不是主，切忌喧宾夺主。开拓新的市场是企业发展的必然诉求，福耀集团的经验是在向外发展时，要在外国市场中摆正位置。中国企业在国际化的过程中，尤其是在开拓发达国家市场的时候经常会遇到当地市场已被一些行业巨头占据的情况，这个时候是要凭借自身的价格优势"硬碰硬"吗？福耀集团的回答是：寻求合作，共同发展。

福耀集团在 PGG 的倾销控告中胜诉的同时，不但没有与 PPG 继续争斗下去，反而积极寻求合作，之后双方各取所需，在技术、生产、物流、销售各个方面达成全面合作，形成了与当地巨头和平相处、共同发展的局面，使得福耀集团成功进入美国市场。正确评价自己的实力，判断自己在进入海外市场时能否应对既得利益者的阻力。这并不是说企业国际化一定要小心翼翼、步步为营，在对方市场尚未饱和的情况下，大刀阔斧未尝不可。但福耀集团的经验告诉我们，不能盲目选择自己的目标和策略，避免不必要的冲突，尽快融入当地市场。

（二）时刻不放松对技术的追求和创新

对于竞争激烈的制造业来说，先进的技术是推动企业发展的必要因素。福耀集团很早就达到了国内行业的顶峰，但一直专注于在生产高质量玻璃产品的基础上进行玻璃产品创新，以技术创新驱动国际化发展。正是由于对技术的高标准、严要求，福耀集团生产的汽车玻璃不仅在质量上获得了奥迪汽车公司的认可，更是凭借领先于汽车设计的创新玻璃产品获得了宾利、宝马、奔驰等汽车公司的订单，打破了玻璃巨头对行业的垄断，在国际市场取得了可观的份额。

（三）持之以恒，30 年磨一剑

1. 突出主业，做好核心业务

专注、专业，30 年如一日，专心致志地做好一个产品，或是福耀集团取得成功的关键。聚焦核心业务，福耀集团可能适合于德国赫尔曼·西蒙所写的"隐形冠军"那样的企业。2018 年福耀集团财务报表数据显示，报告期

内汽车玻璃产品实现营业收入 193.52 亿元，其收入占总营业收入的 95.68%。单一产品占比如此之高，无论是在汽车玻璃厂商，还是在其他上市公司中并不多见。

2. 切忌偏离主业，盲目扩张

希望快速成长、超常规成长，但是，怎么成长、成长的过程中还要不要核心业务？走多元化的道路，只有集团企业。大多企业都因盲目扩张而出现了问题。在这些年来中国企业的实践中可以得出这样的启示：第一，敬畏市场。我们管理企业的时候一定要认真研究市场规律，敬畏规律。第二，敬畏法治。法律和规则就是底线，不是过高的要求，而是最基本的边界和底线，是最基本的要求。如果连最基本的要求也不知道，还去触犯它、击穿它，可能后面就没有改正的机会。如果信用没有了，公司也就一文不值了。第三，敬畏专业。术业有专攻，把自己的事情做好。隔行如隔山，有些行业看着很好，进去才知道竞争也十分激烈，比你现在所从事的行业还激烈。如果市场是个大空间，投资者也不要轻易地走入此行业。

（四）先把中国市场做好，再开始国际化

综观近年来中国企业的海外投资，折戟者众。企业究竟要不要国际化？发展到什么阶段才可以国际化？这些问题若想不清楚时，不妨先看看国际化企业福耀集团的做法。很多管理者想去海外投资，首先要想清楚，自身的信用评级如何，根据自身能力，先把中国市场做好，再去走国际化之路。

要做精品牌。海外市场重视品牌，品牌即人品、产品、品质的凝结，没有品牌，去海外投资较难，曹德旺反复强调品牌意识和诚信意识。品牌是海外市场的敲门砖，要想铸好这块砖，敢做敢当的企业家精神、精造理念塑造品质的管理缺一不可。

品牌是信誉的代表，没有信誉在国际上寸步难行。用诚信敲开国际市场的曹德旺说，自己的名字在国际市场上就是一种信誉。曹德旺对取经者说："品牌就是钱，福耀集团的信用评级在美国是 AA+，从银行贷款利率是最低的，很多国内同行没有这种优惠。"荣誉为福耀集团带来实实在在的利益。曹德旺更为自豪的是，只要有他的签名，就可以从银行获得无抵押担保的贷款，这是很多在美国的中国企业没有的待遇，这也是福耀集团全球化经验的重要财富。

福耀集团收购的世界汽车玻璃巨头 PPG 的子公司，正是当年起诉福耀集团反倾销的企业之一。反倾销案结束后，PPG 向福耀集团和中国其他汽车玻

璃企业转让了浮化玻璃技术，结果只有福耀集团一家，十年如一日，准时准点，一分不少地支付技术转让费，其他企业则拿出各种理由来逃避。PPG 由此看到了福耀集团的诚信。那场官司让双方成为朋友，化干戈为玉帛，利益让双方成为合作伙伴。PPG 提供技术、设备、物流和销售渠道，包括为福耀管理团队提供培训，并停止了反倾销调查。

（五）拓展国际市场，从国产替代到行业龙头

作为较早开始全球化布局的领先企业，福耀集团走上国际化道路充满了艰辛和不懈的努力，曹德旺是不会在缺乏足够依据支持时进行海外投资。借助其韧性和调整能力，通过各种腾挪翻转的努力，在中国经济相对减速调整时，结合中国国内的成本上升等客观现实，观察把握形势演变，就研究如何在美国投资前后整整经历了 19 年，无独有偶，其在俄罗斯投资研究也经过了 17 年的漫长时间，这样才能对必然性与或然性因素决定的不同演变情景形成比较客观判断。

在投资方面，曹德旺注重产品、关注用户体验。企业规模大到一定程度时必须要"走出去"，先把产品拿出去探路，培养目标国家国民对产品的认同感，熟悉了解此市场后，再进行投资。除了俄罗斯，福耀集团在南非和巴西也设立了销售机构，目前都是产品先行。等该市场汽车产量扩大的时候，再考虑建厂。通过自制设备能力的提升形成辐射行业需求的设备制造能力，打破国际设备公司在中国玻璃制造行业的垄断地位，降低企业成本，提升中国玻璃行业的全球竞争力。

（六）知己知彼才能百战不殆

对于国际化，曹德旺有自己的"兵法"套路，即充分调研，深度剖析。企业要想"走出去"，第一个要先问自己，为什么要"走出去"？你准备拿什么产品"走出去"？你对要投资的地方了解多少？

作为中国制造业"走出去"的典型代表企业，福耀集团还有哪些走向全球的秘诀？经过美国工会危机后的曹德旺，对于中国制造"走出去"又有怎样的感悟？对于中国资本投向海外，特别需要注意哪些事情？福耀集团 30 年的风风雨雨证明，一个企业只有有了创业—失败—再失败—接着干的企业弹力能力，即一旦你产生了一个简单的坚定的想法，只要不断地重复去做，最终必将使之变成现实。

（七）员工实行"多劳多得，质优多得"

透明化投资并能创造更多就业岗位的企业才会受到海外市场的欢迎。通过审查的中国企业，其在国外管理企业时，还将面临管理团队如何融入、如何留住人才的难题。福耀集团也曾陷入与美国工会的官司纠缠中。2014年，收购的美国伊利诺伊州 Mt. Zion 工厂资产，还包括工会四年前对工人的承诺：时薪增加两美元，这是很多中国企业海外收购遭遇的暗礁。两块钱看起来不是很多，曹德旺与美国工人谈判时，用他的亲和力，平息了工人的怒火。他没有把工人置于公司的对立面，曹德旺替前雇主兑现了工人的加薪要求。诚信对他来讲是企业经营牢不可破的法则，而且谈判的最终结果是输出中国工人标准——"多劳多得，质优多得"，这是中国制造走向精造的标志之一。

（八）新经济下的实体经济与人工智能、机器人的结合

在对外直接投资时发展人工智能也已经成为国家之间竞争的制高点之一，不仅能带来生产效率的提升，还会催生新的产品、模式与公司，推动整个产业价值链的重构。福耀集团"人工智能＋制造"是一个可供参考的案列。

在美国人工成本很高的情况下，只能用机器人来替代部分人工。其实，福耀集团早就可以用机器人了，直到后来国家鼓励用机器人时才用机器人替代人工。为什么？因为在国家鼓励之后，机器人使用的修理费、折旧费等就可以计入成本，可以抵扣税赋，而使用人工的话，费用是不能作为成本抵扣税的，相当于要付双倍的钱；同时购买机器人的费用还可以抵扣增值税，反映了企业用工成本降低，节省人工费用，增加企业盈利。企业使用机器人进行生产操作，加大机器人建设投入，加快生产自动化，将提高企业生产效率，提升产品质量。因此，出于成本考虑，机器人会越来越多替代人工。福耀集团机器人与人工的比例是1：10，从全球来看，这一数据都是领先的。用最低的成本、最高的效率把产品生产出来，满足更多人的需求。如何通过先进技术的融合运用、现代化体系的流程设计来实现短时间内迅速打通原材料采购、设备制造、产品生产等全产业链，实现信息数据资源、生产管理、技术输出等方面的协同，是制造企业的发展方向。

（九）重视传统制造业＋掌握核心技术

曹德旺这位74岁的企业家，在防控疫情期间，接受《新京报》采访时谈道：国家、社会和企业家都必须反省，随着劳动力成本的升高、贸易摩擦

等因素影响，中国制造业的成本在上升，中国制造正在国际上失去原有的竞争力，出现了产业链向东南亚转移的现象。制造业竞争力的下降，会引起国家竞争力的下降。"没有传统制造业，中国经济无法实现独立自主。"中国必须有一个长期繁荣昌盛的传统产业，否则中国经济就无法实现独立自主。当然，在疫情后中国要建立起独立完备的工业体系，除了要重视传统制造业，还必须要掌握核心技术，没有核心技术，就不得不受制于国外的产业链。同时，制造业是国民经济的基础，如果没有基础的传统制造业产业，很多所谓的高端产业根本发展不起来。在曹德旺看来，互联网也好、芯片技术也好、大数据也好，这些技术或者工具可以提高经济运行和发展的效率。但是，如果没有制造业，高端产业的发展根本无从谈起。就好像桌子上摆满了漂亮精致的刀叉，如果没有食物，这些刀叉用来做什么呢？只能是摆设而已。在国民经济中，各个产业谁也离不开谁，没有高端、低端之分，各个产业要协调发展，这样才能形成完备的工业体系。

第五节　海尔集团品牌全球化战略推进的经验与启示

一、海尔集团简介

1984 年海尔集团创立。几十年来，海尔集团已发展为全球营业额超过千亿元，集科技、工业、贸易、金融产业于一体的跨国企业集团。在海尔集团成长历程中，多元化是其重要的成长方式，而且海尔的多元化经营堪称中国企业的成功典范。

2019 年 7 月 22 日，《财富》（Fortune）官网公布了 2019 年世界 500 强榜单。作为海尔集团旗下子公司之一，海尔智家股份有限公司凭借智慧家庭生态品牌的全球落地，以 277.14 亿美元营业收入排名第 448 位，再次上榜《财富》世界 500 强，排名较 2018 年上升了 51 名。

2019 年 6 月 5 日，青岛海尔发布公告称，公司名称由"青岛海尔股份有限公司"变更为"海尔智家股份有限公司"，证券简称由"青岛海尔"变更为"海尔智家"。作为子公司之一，海尔智家是海尔集团旗下最大的战略业务集团，承接海尔集团旗下全球家电业务。对内构建互联工厂，用户个性化需求直达工厂实现实时互联；对外构建 U+ 智慧生活开放平台，为用户提供互联网时代智慧生活解决方案，最终实现用户的全流程最佳交互、交易和交付体验。目前，"海尔系"家电品牌包括海尔、美国 GE Appliances、新西兰 Fisher & Paykel、日本 AQUA、意大利 Candy、卡萨帝、统帅七大家电品牌，在全球拥有"10+N"研发体系、24 家工业园、108 家工厂；海尔及旗下品牌销往全球 160 多个国家和地区。在 2019 年 12 月 11 日世界品牌实验室评选世界品牌 500 强企业中位列第 41 位。

二、海尔集团国际化发展历程

（一）概述

2018 年以来，摆在中国白电巨头面前的问题是，中国市场的雪依然够厚，但是雪坡已经不够长了。从 2018 年开始，中国家电市场的存量竞争特征仍很明显。从数据来看，冰箱和洗衣机的产量十年前就已经接近顶峰；而作为白电之王的空调，保有量也基本达到了户均一台。家电企业想要在量上寻求突破，已经不太可能。通常来说，一家公司增长问题的标准答案只有两个：其一，纵向创新：指数级创新，打造更高效的产品；其二，横向扩张：出海新兴市场，拥抱新兴经济体增长。1998 年，海尔集团就明确提出"国际化的海尔"战略目标，先凭借细分产品切入欧美日等成熟市场，同时快速在发展中国家布局。在多元化发展战略下，海尔通过 ISO 9001 质量认证，获得美国和欧洲国家的家电经销证书，并在此过程中不断扩大海尔集团的海外发展领域和市场，为海尔进入发达国家投资奠定了技术和市场基础。

（二）海尔的全球化发展的四个阶段

1. 国际化战略发展阶段（1998~2005 年）：走出国门，出口创牌

海尔提出"走出去、走进去、走上去"的"三步走"战略，以"先难后易"的思路，首先进入发达国家创名牌，再以高屋建瓴之势进入发展中国家。海尔主要采用在海外建立设计、制造、营销"三位一体"的本土化模式和打造本土化品牌来实施本土化战略。

2. 全球化品牌战略发展阶段（2005~2012 年）：创造互联网时代的全球化品牌

从 2006 年起，海尔集团继名牌战略、多元化战略、国际化战略阶段之

后，进入战略创新阶段：全球化品牌战略阶段。国际化战略和全球化品牌战略的区别是：国际化战略阶段是以中国为基地，向全世界辐射；全球化品牌战略则是在每一个国家的市场创造本土化的海尔品牌。海尔实施全球化品牌战略要解决的问题是：提升产品的竞争力和企业运营的竞争力。与分供方、客户、用户都实现双赢利润。从单一文化转变到多元文化，实现持续发展。这一阶段，海尔探索的互联网时代创造顾客的商业模式就是"人单合一"模式；而海尔抓住全球第三次工业革命的机遇，推动这一模式的发展，不断促进员工、组织和企业的转型。

3. 网络、智能化战略发展阶段（2012~2019 年）：网络化的市场，网络化的企业

2012 年 12 月，海尔宣布进入网络化战略阶段。互联网时代带来营销的碎片化，传统企业的"生产—库存—销售"模式不能满足用户个性化的需求，企业必须从"以企业为中心卖产品"转变为"以用户为中心卖服务"，即用户驱动的"即需即供"模式。互联网也带来全球经济的一体化，国际化和全球化之间是逻辑递进关系。

4. 生态品牌战略发展阶段（2019 年至今）：创引领的物联网生态品牌

2019 年 12 月，海尔集团宣布进入全球化发展的第四个战略阶段，海尔集团与全球一流生态合作方一起，建设衣食住行康养医教等物联网生态圈，为全球用户定制个性化的智慧生活。[①]

三、海尔集团的全球化策略与成就

海尔全球化主要体现在下面七大策略：

1. 定位："自主品牌 + 本土化运营"

海尔的海外并购基本原则是轻度整合：保持自主品牌，确保被并购后的全球化，独立运营，和对管理层的稳定。这样的并购好处是，减少了对于海外并购的巨大阻力，直接提升了海尔海外市场品牌的完整性。

2. 路径："建厂 + 并购"看重营销网络和用户份额、实现本土自主化

海尔坚持自主品牌和本土化运营，海外收入几乎全部来源于自主品牌出口，在全部 122 个工厂中，海尔建设在海外的工厂就高达 54 个。

---

① 摘自海尔官网，https∶//www.haier.com/about_haier/jtjj/。

海尔通过海外并购，将海外先进生产技术、经验等要素资源与我国合并，形成生产协同效应。近年来，海尔通过在全球范围内的并购扩张，使其在海外战场取得不俗业绩，截至 2019 年第三季度，海尔的海外市场收入占比 47%，增幅 25%。建立欧洲（德国）、美洲（美国）、亚洲（日本）等十大海外研发中心。同时，将在发达国家已建立具有品牌效应的品牌（如 AQUA 等）投向东南亚发展中国家，实现海尔海外投资向小规模差异化产品市场的转换。不断扩大海外投资规模。随着产品线宽度和深度的不断延伸，海尔的规模化经济从最初的冰箱生产，甚至扩展到了黑色家电和米色家电的生产。这种家电行业的多元化生产不仅扩展了产品的市场，也使海尔拥有了品牌规模经济。即海尔旗下所有的产品都可以在海尔打造的品牌下，通过规模生产分摊成本，实现规模经济。海尔规模化的经营使其能将更多的资金投入到公司营销和品牌建立上，有利于公司运营能力的提高。经过 20 年的苦心经营，如果站在今天去看海尔的海外布局，我们会清晰地发现，其全球化战略已经基本成型，已形成了七大家电品牌全球化协同发力的局面。

3. 品牌：打造自主品牌集群

1998 年，海尔就明确提出了"国际化的海尔"战略目标，先凭借细分产品切入欧美日等成熟市场，同时快速在发展中国家布局。海外收入 100% 为自有品牌与那些贴牌代工的对手不同的是，海尔智家全球业务中，100% 都是自有品牌。在专注打造本土高端品牌卡萨帝之后，通过并购和自创品牌，海尔智家目前形成了全球化运营的七大品牌。

海尔的海外策略分为两类：新兴市场的品牌建设策略和成熟市场的并购策略。在新兴市场，海尔打造了完整的品牌矩阵：从通用电气家电（GEA）和斐雪派克（FPA），到高端卡萨帝，到一直是品牌根基的海尔智家，再到价格更亲民的统帅。在品牌打造方面，海尔智家在海外策略与国内策略保持一致，主要是关心用户，关注高端用户的创牌体验，体现在产品支持，营销转型和本土化。

在欧美成熟市场，海尔 2016 年拿下 GEA 白电业务之后，海尔成功让通用电气家电板块这个百年老店焕发了全新的光彩。继 2017 年 GEA 增速创下十年新高之后，2018 年 GEA 美元收入继续实现双位数增长。向北美市场注入海尔协同资源之后，海尔的全球化组合拳不断奏效。在北美家电市场同比持平，在需求疲软的环境下，2018 年的 GEA 成为全美增长最快的家电公司。

国内市场方面，中国消费市场不断升级的今天，在历史上海尔在高端品牌卡萨帝的巨大投资，直接带来了卡萨帝营业收入的高速增长，直接改变了产品结构；而在欧美成熟市场，海尔智家遵从了原有的高端品牌和增长逻辑，用本地化产品来搭建自己的产品组合，有效地打开了原有的壁垒。

海尔智家则多年大量投资营销资源创牌，用于支持卡萨帝高端和诸多海外品牌的推广投入。从各方营销投入的此消彼长中，可以看出海尔智家多年来的营销投入已经到了收获期。

4. 资本策略：海外市场上市募资，支撑海外投资

海尔在欧洲的重要战略目标：到 2022 年，海尔成为欧洲前五名，市场份额增至 5%。在海尔全球化战略中，全球市场布局也离不开资本市场支持。在欧洲的 D 股平台，能够吸引全球价值投资者，尤其是欧洲的价值投资者，对海尔在欧洲创牌，拥有非常重要的战略价值。在德国极低利率的背景之下，海尔智家的股息率显著高于德国主板平均股息率，D 股成了全球投资者理解海尔智家长期价值的窗口。一方面，拥有 D 股的核心价值是，在海外市场的上市可以产生更多的投资者沟通，和社群互动，因此在并购中会进一步减少来自政策监管层面的阻力。在欧洲募集欧元资金，有助于公司实现欧洲发展战略。另一方面，此举也有助于提升欧洲市场的品牌知名度，为支持未来增长的并购交易提供货币，A+D 的资本市场平台，也有助于促进海尔全球化战略落地，支持欧洲市场的发展。

这次融资一方面为海尔智家并购 Candy 提供了足够的外汇资源，另一方面也帮助海尔成功搭建了 A 股、H 股、D 股三大平台。与其他单一资本平台的 A 股——美的和格力相比，海尔无论是未来海外并购，还是寻求长期投资者支持，都显得游刃有余。建立在欧元、美元和人民币多币种框架下，未来海尔智家对任何币种资产的并购都更为顺畅。此外，低成本的外资投资者的大量涌入，未来一定会进一步提升中国核心资产的估值水平。从欧洲这一成熟资本市场来说，海外投资者仍然需要足够多的时间来认知和接受，但海尔已经敲开了这扇大门。海尔一直按照规定及时进行信息公开披露，使得信息能够最大限度透明化，保持与欧洲长期投资者的积极沟通，以及促进全球投资者对公司长期价值的理解和认可。此外，这些资本未来也可以用于海外员工激励，对国外员工的股权激励，也就可以顺利执行。

5. 技术领先：科技领域的技术投入成就技术优势

从表 3-3 列出的海尔历年家电业务在科技领域的技术投入成就可以看出，海尔为获得技术优势投入了大量生产要素在技术投入与人才培养上。尤其是在步入国际化战略阶段后，海尔在投资地国家创新开发出了满足当

地消费者需求的新科技家用电器，同时不断首次推出各类具备特殊使用功能的白色家电，并掌握了只有美国、日本等高度发达国家才拥有的家电生产技术。通过全球化品牌战略的实施，逐渐获得海尔在全球市场上由于外部化和贸易壁垒无法获得的先进技术。在进入网络化战略阶段后，海尔看到了智能白色家电在全球互联网平台上的新增长点，满足顾客更加注重体验经济的个性化需求。[①]

表3-3　2010~2019年海尔主要技术投入情况

年份	主要技术投入与成就
2019	组建"海尔科化工程塑料研究中心有限公司""海尔广科数字技术开发有限公司""北航海尔软件有限公司"，从事 CAS/CAM/CAE 软件开发
2018	升级微风道控制技术、首创智能恒温系统，海尔全空间保鲜技术获得全球首个 VDE 保鲜认证
2017	海尔智慧洗平台搭载的 RFID 技术能借力云端物联，让洗衣机真正"认识"衣物，自动识别衣物的面料和颜色，并根据衣物自动匹配洗涤程序
2016	建立 U+ 智慧生活平台，智能制造平台，全球十大开放式研发中心。开发出三重 PID、暖体仿生技术，解决"空调病"
2015	线上开放市场新平台 HOPE，线下成立全球五大研发中心。推出全球首台干湿分储保鲜冰箱
2014	智慧互联工厂，实现大规模制造向大规模定制的转变。全球首台双滚筒洗衣机
2013	形成以虚实网为媒介的创新生态圈。推出"朗度"全新智能冰箱，打破韩系电器在此种产品定位上的垄断
2012	推出无尾系列小家电，开创家电无尾时代。继美国、俄罗斯后第三位独立掌握航空冰箱技术的企业
2011	推出全球首台达到 AAA+ 级能效标准的冰箱，并整合国际合作伙伴的研发资源，推出多种高附加值洗衣机产品
2010	成为全球首家在白色家电领域做模块标准化的企业

资料来源：笔者根据公开资料整理。

[①]　于辰琪.当全球化成为唯一答案，中国家电巨头如何海外求生？来自微信公众号"阿尔法工场"（ID：alpworks），2019-11-01.

6. 研发：侧重以用户需求为导向

海尔智家收购的斐雪派克、GEA、三洋都拥有十分领先的技术，有着深厚的研发积累，通过海尔智家的全球研发协同平台，可以将技术嫁接于海尔智家全球产品平台上。有深厚研发积淀作为支撑，在研发投入上，海尔智家每年研发费用投入占比仍然超过 3%，支撑海尔智家终端产品竞争力持续领先。随着海尔智家加大对研发的投入，逐渐增长的研发和技术协同整合，在高端家电的领先地位得到保证。无论是单一技术还是技术整合，都取得了巨大的领先优势。

7. 组织创新

物联网时代，用户与企业的关系正在发生着改变：第一，企业和用户之间实现了信息零距离，原来企业的大规模制造注定要被大规模定制所代替；第二，去中心化，每个人都是生态中心，同时也为其他节点提供资源；金字塔式的组织架构变成平台化、变成以自组织为单元的生态圈；第三，分布式管理，全球的资源都可以为我所用，全球就是企业的研发部和人力资源部。

2019 年，海尔进一步探索"链群共赢进化生态"，这是"人单合一"模式下的新范式。链群就是小微或是与小微的合作资源方通过共同创造市场机会，共同创造用户最佳体验，形成一个开放的以自组织为核心的生态系统，也就是生态链。在生态链上的小微构成链群。链群是实践物联网场景生态新模式的自组织网络。

四、海尔已成为民营企业海外创牌路上的"领跑者"

我们再回归到战略层面上，看一看海尔一直所坚持的"自主创牌"道路与最新开启的"生态品牌战略"，又分别为其"吃肉"做出了哪些贡献。前面提到，只有坚持"自主创牌"道路，企业才能在品牌竞争中占据一席之地，才能真正打造出世界级的知名品牌。而 20 多年前海尔走的这条不被理解的道路，如今已经开始"吃肉"，眼馋的企业也开始纷纷转型做自有品牌，开始走上海外创牌的路。

2019 年 11 月，美的集团股东大会明确提出了要推动海外市场产品结构的升级，其中一个重要抓手就是要推动贴牌向自有品牌的转换，并且首先从东盟开始。无独有偶，家电巨头格力电器也表示，在海外市场，只有自主品牌占比不断提升，才能真正在市场上把握话语权。显然，在中国家电企业转型的道路上，海尔走过的"自主创牌"之路，多数家电企业或早或晚也都是要再走一遍的。

中国智能家居领域在国内发力时，海尔集团已经开始生态品牌的全球化了。其中，海尔智家以智慧家庭生态品牌的全球化开始了新一轮的引领，这同样也引发了中国家电行业对未来发展方向的进一步思考，因为海尔战略调整背后的考量，对中国家电企业来说也是共通的。

进入物联网时代的世界家电，正在告别以企业为中心的硬件比拼和市场规模竞赛，逐渐转为以用户为中心、以场景传递为内核的生态圈整合力较量，这也正是家电企业纷纷在智能家居领域布局的原因所在。此次海尔的战略调整，一个重要目标就是要在智慧家庭生态品牌这条新赛道上加速落地，从发展成果来看，依托自身家电全球化品牌的先行优势，可以快速实现智慧家庭生态品牌的全球化。对比可见，中国其他家电巨头还在围绕着如何全球创家电品牌引领时，海尔已经走在生态品牌全球化的赛道上了。毋庸置疑，在传统家电向智慧家庭转型的过程中，海尔已率先迈出了第一步，同时也为整个中国家电行业的智慧家庭建设提供了极佳的参考样本。

如果说海尔前十年的销量冠军，是世界对海尔品牌的认可，那么从这一次的冠军开始，则是海尔向世界证明了其在建设智慧家庭生态品牌探索和实践上的成功。20年前，无论是外界的压力还是善意的提醒，都没有让海尔望难止步；20年后，海尔用遍销100多个国家和地区的品牌覆盖、用全球10亿多用户的认可、用品牌零售量11连冠的市场成果，回应了一切的质疑与不解。

五、海尔品牌全球化的启示

（一）海尔可持续发展的内在基因特征：创新文化与管理

"激活休克鱼"的理念使海尔在公司管理上以高效率、应用性强的特点闻名于海外发达国家家电市场。另外，还有受到各国企业学习的海尔"沙拉"式文化体系。该体系表明海尔的海外投资就如沙拉一样：在一样的沙拉酱中，沙拉中的多种蔬菜可以保持各自的特点共同存在。也就是说海尔在遵循统一的海外投资战略下，对外投资目标市场可以包括多种发展模式的国家和地区，但都能够在海尔的领导下各自协调发展。这就是海尔的全球化品牌战略。

该案例启示我们：人本管理文化母体培育出的企业学习力、企业文化力、企业创新力、企业执行力能让企业成为在市场竞争变化面前有抗风险能力的"不倒翁"；反之，物本管理的落后生产关系和劳动关系会让企业成为无抗风险能力的"墙头草"。企业如果只重视急功近利的物力投入和短期行为，不重视人本管理文化开发战略，就是只顾桶里取水短时用，不顾地下打井长有水。企业产品、技术、利润与企业人本管理文化是鱼水关系，只有放入企业人本管理文化之水，才能养活养大企业产品、技术、利润之鱼。

（二）品质至上是海尔品牌推进全球化的战略基点

1. 在海外市场创立自主品牌

20世纪90年代末，海尔作为我国民营企业的代表，开始对外投资。海尔企业的"走出去"动力因素与以往的民营企业对外投资动力不同，不追求"创汇"。海尔最初的对外投资动力是"创牌"，以海尔品牌出口到产品质量、技术标准、售后服务等高度严苛的发达国家市场。在这一过程中，海尔首先选择走进发达国家利基市场。海尔在进军美国及欧洲市场时，最初只能选择在高度专门化的小型市场领域成为先入者，并建立竞争优势防御后入者，最终带领中高端创新产品占领利基市场。进入发达国家利基市场后，海尔开始以"走上去"作为投资动力，发展能够成为海外市场主流品牌的当地化产品，即在海外市场创立自己的品牌。

首先海尔没有选择代工生产。此时海尔对外投资的动力并非是占领销售市场、降低成生产本，而是力图改变世界各国对中国生产低端产品的固有印象。其次结合我国经济发展状况来看，海尔对外投资动力又与发展中国家利用小规模技术优势进行对外投资不完全相同。海尔在我国经济发展水平还未成熟时就投资于发达国家市场，而非投资于发展中国家。这一阶段的对外投资不仅需要海尔开拓海外市场，还要与发达国家比拼竞争优势甚至是垄断优势。

2. 不能只把产品卖到全球，还要把品牌卖到人心中

海尔从20世纪90年代初开始走出国门时，便以自主品牌出口，到后来在全球各地进行"三位一体"的本土化建设，逐渐获得了全球用户的认可。海尔认为，只有建立自己的品牌才能充分接近客户、了解客户需求。海尔的全球化品牌战略不是简单的货物资本跨境流动，而是走出国门利用企业竞争优势建立全球家电品牌。目前海尔的品牌战略使其在全球市场上

拥有了自己的主流品牌：海尔、卡萨帝、AQUA、Fisher & Paykel、统帅等，不同品牌在各自的领域为用户带来特定化服务。海尔海外市场出于对创牌与盈利引领策略的聚焦、人单合一本土化机制的落地，实现海外收入近 100% 为自有品牌。

2020 年有两份榜单为海尔智家的全球创牌做了一次全面的背书：一个是 1 月 9 日，欧睿国际发布的 2019 年全球大型家电品牌零售量数据中，海尔第 11 次蝉联全球第一。另一个是 1 月 21 日，美国《财富》发布全球最受赞赏公司榜单，海尔智家再次入选。这两份榜单对品牌的认可，是用户对品牌评价的反馈。第一个榜单不是把产品出口海外，而是将品牌卖向全球，并成为了全球用户的首选；第二个榜单反映的是品牌的精英群体影响力，意味着海尔智家生态品牌在全球的影响力正加速提升。

3. 不是要把规模做多大，而是要把品牌做强

从 20 世纪 90 年代初期走出国门，海尔就以自主创牌出口，目前已经连续 11 年蝉联全球大型家用电器品牌零售量 NO.1：

在美国，GE Appliances 在北美已经成为当地一半家庭的选择。

在新西兰，国宝级品牌 Fisher & Paykel 以 42% 的市场份额稳坐当地白电市场第一。

在日本，AQUA 商业社区以 75% 的份额占据首位。

在欧洲，Candy 智能单品份额占欧洲智能家电市场 67%，稳居市场第一。

卡萨帝已成为国际高端家电首选品牌，在万元以上价位段实现了绝对领先。

作为全球创牌支撑体系，海尔智家已在全球建立了 10 个研发中心，122 个工厂中有 54 个在海外、海外还有 108 个营销中心和 143330 个营销网络。

海尔在美洲、欧洲、亚洲等地建立了集研发、制造、营销于一体的运营体系，将全球消费者个性化需求和技术进行融合，诞生了全空间保鲜技术、卡萨帝双子洗衣机等全球引领的技术和产品。

数十年过去了，海尔智家证明了这条路没有走错，国内其他大品牌，现在也在积极谋求从贴牌代工转型自主创牌之路。不仅把品牌卖出国外，更要把品牌卖入人心。

4. 科技是海尔智家进行品牌沟通，深入人心的最直白语言

卡萨帝发明的"空气洗"洗衣机让高端群体解决了高档衣物在家不能洗的难题；GE Appliances 推出新型 5 合 1 壁挂式烤箱，将微波炉、烤箱、面包机等 5 件家电变成一个，节省空间与时间，还可以少花钱；海尔自清洁空调可以让用户呼吸得更健康；Candy 推出的 Rapid'Ó 智能洗衣机拥有最完整的快速洗涤程序，在不到 1 个小时内完成 9 次洗涤循环，洗涤效率更高。这些能够改变用户生活的创新是赢得口碑的关键。也就是说，只有品牌深入人心，才能获得来自用户内心的赞赏。

如今，换道生态品牌的海尔智家已经开始了智慧家庭的全球化建设。在智慧领域一方面表现在场景替代产品上。海尔智慧家庭全场景解决方案，给用户的不再是传统意义上的硬件产品，而是以场景替代产品的创新。场景内多件产品的协同服务，无论完整性、丰富性都要超过传统单品；而且场景内包括产品、方案都能量身定制，这让小到用台灯和手机组成的几百元解决方案，大到几百万元的超级大单都成为可能。

另一方面海尔转型生态品牌的主要特征，在于联合了 1200 多家生态资源构建衣联网、食联网、空气网等生态圈，实现了生态覆盖行业的转型引领。以智慧阳台场景为例，将白衬衫放进洗衣机里，它会自动识别品牌、面料并设置洗涤时间，洗完后干衣机自动匹配衬衫烘干程序，弄好后晾衣架会自动下降。海尔智家这种生态品牌的服务，已经开始了全球化进程，7 大品牌都有独立的场景套系，如 GEA 的北美智慧厨房、日本 AQUA 的智慧社区洗等，在全球范围内掀起一场智慧生活方式的变革。随着新赛道全面开启，海尔继续在"人单合一"模式下，通过智慧家庭的全球化，还将在物联网时代创造一个新的生态品牌。[①]

（三）海外业务的拓展为营业收入增长提供了强劲动力

民营企业在对外投资中只有具备足够的资金才能利用这些资金从事技术研究、经营管理等方面的工作。同时也会使企业具备较强的抗风险能力，更快地适应市场变动，稳固对外投资优势。企业的运营管理能力在一定程度上会影响企业对外投资的能力和发展水平。

从并购 Candy 公司来看，青岛海尔显然仍计划扩大海外业务收入。据披露，2018 年，海尔和 Candy 公司合并销量分别占全球大型家电、独立式制冷设备和家用洗衣机市场的 15.1%、22.7% 和 19.8%（据世界权威市场调查机构——欧睿国际统计）。双方合并后的营业收入在西欧排名第五，并计划于

---

① 于辰琪.海尔智家：不能只把产品卖到全球，还要把品牌卖到人心中［EB/OL］.阿尔法工场，https：//www.arfgc.com/e-d-69.html，2020-01-23.

2022 年前实现西欧排名前三的目标。值得注意的是，Candy2019 年上半年超预算完成收入目标，在法国、意大利、英国、爱尔兰及西班牙业务覆盖市场的整体份额达到 6.5%。在欧洲，海尔中央空调是当地中国自主品牌第一。

在亚洲，海尔磁悬浮空调市场份额 13.5%，位居亚洲首位。在南亚、东南亚市场，海尔智家业绩分别增长 16%、10%；在泰国，平均每卖出 3 台磁悬浮中央空调就有 1 台是海尔。

2019 年上半年，公司海外实现收入 467 亿元，同比增长 24%；剔除并表并购 Candy 影响，公司海外收入仍实现增长 13%。以核心家电零售量统计，海尔智家在全球市场的份额占比已经达到 15%。海尔智家 2019 年年报披露的海外收入占比超过了 50%。

Wind 数据显示，凭借完善良好的战略布局，使得海尔的海外业务占比直冲 47%，而在过去 5 年（2015~2019 年），收入复合增速更是高达 27%。应该说，海尔智家的海外业务的高增长，是海尔智家在投资者眼中的亮点，也就是说，海尔智家的业务结构与全球布局更符合投资者的眼光。

（四）人员本土化是跨国企业实施本土化战略的关键

对于像海尔这样的在海外创立子公司、经营业务的民营企业而言，为了了解当地的经济政治形势，国家间文化差异和消费者需求等就更需要懂得跨国经营管理的人才，而海尔对外投资的用人策略强调的是本土化人才战略。不同于日韩企业通过派驻本国员工到海外，与当地企业联合经营逐渐扩展海外市场的方式。

（五）时代之变和用户需求之变的应对和引领

从 2011 年收购三洋电机到 2016 年并购美国通用电气家电业务，海尔的海外并购整合夯实了海尔在技术领域的优势。如今，海尔进入网络化战略阶段，未来将试图通过互联网了解用户需求，为用户提供"网器"。以与全球用户的零距离接触提供解决方案为动力建立品牌新优势。海尔在不同时期的对外投资发展战略使海尔能够在中国民营企业早期的对外投资中占据优势，并在后来的发展过程中一直保持佼佼者地位。

海尔集团全球化战略仍在进一步深化之中，供应链、研发、技术领先、自主品牌、资本市场、并购六大要素，是海尔集团能够主导白电全球化霸主地位的核心驱动力和重要引擎。一方面，海尔智家仍然在积极提高市场占有率，通过卡萨帝这样的产品，来充分提升产品定价能力；另一方面，则是在明显短板的欧洲市场，通过进驻资本市场和对超新星 Candy 的并购，来实现长期的快速增长。

中国民营企业应抓住当前的新科技革命机遇，全面深化改革，破除体制障碍，增强政策制定的精准性和引导性，提高生产要素配置效率。企业应及时抢占商业模式重构先机，推动人工智能与场景创新的高度融合，实现与第四次科技浪潮的同频共振。

第 四 章
中国民营企业对外直接投资的
重点区域与风险防范

根据中国企业的特点及对外直接投资的实际，确定中国民营企业投资的重点区域、重点行业和重点市场。虽然我国企业对外直接投资发展很快，民营企业也面临着诸如国家风险、政治风险、管理及运营风险、法律与合规风险、市场环境风险、社会与文化风险、信用、监管风险、自然、环境风险、多元化经营风险等，对中国民营企业海外投资及风险管理和控制带来了诸多挑战。进一步研究探索民营企业在当前背景和新经济下对外直接投资的风险防范及应对建议。

第一节　中国民营企业对外直接投资的重点区域分布

中国民营企业的对外直接投资的重点区域应以亚太、欧洲和非洲及"一带一路"沿线的发展中国家和地区为主。对欧洲、美国和日本等发达国家，投资集中于研发、贸易、商业服务等；对于经济发展水平不如中国的非洲国家、南美洲国家和阿拉伯国家，主要是为了实现国内工业的转移，进行生产性和工业性的投资。广大发展中国家与我国一般需求结构相似，文化和环境也较接近，我国的许多产业具有竞争优势，所以适宜于中国开展多种形式的海外投资；对于其他邻国，如东盟十国，在地理、经济和文化方面与中国接近，并已签署了经济合作协议，更是投资的好去处。

一、中国企业对外直接投资的模式、地域和行业

通过对外投资主动地从全球获取资金、技术、市场、战略资源，参与国际竞争与合作成为一种必然选择。中国企业在海外投资时希望与受援国及其人民获得共同发展，并促进全球经济增长。

（一）中国企业对外投资模式不断完善

过去几年，在从简单的绿地项目升级到跨国并购的大趋势下，股权投资成为海外投资的重要手段。主要的趋势性变化体现在两方面：第一，对外投资行业更多的是为获取技术、专业知识以及产品品牌；第二，对外投资更多考虑的是海外投资的保值增值。

受目前国际经济贸易形势的影响，中国投资者正重点关注国内政策的导向，响应"中国制造"战略和"一带一路"倡议，加强对亚太地区、欧洲和非洲地区的投资。未来在海外并购方向上，中国企业会将更多的目光投向海外民用技术方面，特别是关注与"一带一路"有关的亚洲一些发展潜力较大的新兴经济体。

（二）从地域方面看

从大洲角度看，亚洲地区由于得天独厚的地理位置，应该还是我国对外直接投资金额的首位。亚洲是一片热土，超过30%的直接投资（FDI）和超过70%的贸易交流在亚洲，所以亚洲是贸易和物流的热土。中国是人工密集的市场，当前中国技术也在快速发展。现在还有一些东南亚国家，如越南、柬埔寨更多参与到这片地区的价值链中，如何更好地实现亚洲的全球价值链可视化也是非常好的机遇。由于本书中已有部分阐述，尤其是东南亚的投资机遇与实践，在此不再赘述。

其次是拉丁美洲地区及欧洲地区。从国家和地区层面看，是"一带一路"沿线国家和地区，以下就拉美地区、非洲国家、金砖国家做出分析。

（三）从行业情况看

基础设施、制造业、矿产业、公共事业、租赁和商务服务业、批发和零售业、采矿业以及发电在内的工业行业成为中国企业境外投资并购的主要行业。而从行业领域看，不论是在农业还是在机床、轻纺、汽车、家电等领域，中国民营企业都体现了可观的国际化活力。

二、投资重点区域之一："一带一路"沿线国家和地区

2019 年，我国企业在对"一带一路"沿线 56 个国家非金融类直接投资150.4 亿美元，同比下降 3.8%，占同期总额的 13.6%，主要投向新加坡、越南、老挝、印度尼西亚、巴基斯坦、泰国、马来西亚、阿联酋、柬埔寨和哈萨克斯坦等国家。

对外承包工程方面，我国企业在"一带一路"沿线的 62 个国家新签对外承包工程项目合同 6944 份，新签合同额 1548.9 亿美元，占同期我国对外承包工程新签合同额的 59.5%，同比增长 23.1%；完成营业额 979.8 亿美元，占同期总额的 56.7%，同比增长 9.7%。[①]

截至 2019 年，中国企业对沿线国家的投资累计已经超过 1000 亿美元。对外承包工程超过 7200 亿美元。新加坡、越南、老挝、阿联酋、巴基斯坦、马来西亚、印度尼西亚、泰国和柬埔寨等已成为主要投资目的国家。

中国企业在沿线国家重大项目和园区建设稳步推进。中马友谊大桥、亚吉铁路、瓜达尔港等一大批重大的项目落地，在沿线国家推进建设了一批境外经贸合作区，累计投资 300 多亿美元，为当地创造就业岗位达 30 多万个。中国企业在沿线国家利用境外自贸区、经济合作区、保税区等平台作用，促进优势产业和国际产能的国际转移。双边自贸区合作，不断加快中国企业"走出去"步伐。"一带一路"建设正在保持健康发展的势头，下一步将加快向高质量发展阶段转变。

---

① 商务部对外投资和经济合作司，http：//hzs.mofcom.gov.cn/article/date/202001/20 200102932445. shtml。

三、投资重点区域之二：亚太地区

为了充分发挥比较优势，转移已丧失成本优势的产业和促进国内产业升级为主要目标的直接投资，应选择东南亚地区等国家。

（一）投资区域应以亚洲国家为重点——以南亚、东南亚地区为例

南亚、东南亚国家经济发展诉求大，社会出现了新的分化，尤其是东南亚国家对中国的经济依赖增强，所以我国与东南亚国家在"一带一路"的合作发展上互利共赢、成效显著。

1. 南亚、东南亚是产业转移的重要区域

东南亚地区发展基础较好，基础设施、制度相对完善，具备良好的经济发展基础。从地理位置看，越南港口条件好。泰国与越南类似，因此这些国家比较容易受益于中国经济的发展。以下是 2017 年的数据对比可以充分说明这个问题：从人口红利上看，目前中国有 14.09 亿人、南亚地区 17.53 亿人、东南亚地区 6.49 亿人；中国人口的平均年龄大致为 38~39 岁，南亚人口平均年龄大概在 27 岁；中国 GDP 大概是 12.24 万亿美元，南亚国家与东南亚国家的 GDP 之和为 6.05 万亿美元，相当于中国 GDP 的 1/2。中国的最终消费支出是 6.4 万亿美元，南亚国家与东南亚国家的最终消费支出之和为 4.23 万亿美元，相当于中国的 2/3。

庞大而年轻的人口以及制造业的飞速发展是这两个地区的巨大优势，同时由于使用互联网的人口数量庞大，所以这些国家直接跨过了个人计算机互联网的发展阶段，进入了移动互联网阶段，所以基于移动互联网的很多产业就能快速成型，经济成本较低。这两个地区的巨大潜力正在被发现，越来越多的大企业，包括欧美日韩一些行业的龙头企业也正在把自己的总装厂搬到南亚、东南亚地区，还有很多企业为了规避贸易战影响，主动将工厂南迁，使得这些地区制造业升级的速度非常快。在各国的总装厂迁到南亚、东南亚地区之后，又继而带动了整个供应链的南迁，所以使得南亚、东南亚地区整个基础设施快速增长，最终完全有可能出现产业跨越性地发展。

2. 东南亚制造业给中国制造业带来压力

东南亚制造业近几年的异军突起和中国工厂的迁移也已经给中国制造业敲响了警钟。我们会因此经受种种阵痛，同时也为中国制造业的转型升级腾出了新的空间。根据越南劳动部的数据显示，一个越南工人的月均工资在

1500元左右，而在缅甸和柬埔寨则是在每月600元左右，这些国家的劳动力成本是中国工人月均工资的1/8~1/3。中国把服装、鞋子等货值较低的商品出口到欧洲、中东和非洲地区，就必须采用海运，"走海运"就必须通过马六甲海峡，需要在新加坡港中转和停靠，中国企业每年会为此支出一笔不菲的海运费用。东南亚国家由于独特的地理条件，航线更短，拥有自己的港口，运输的成本优势更为明显。中国的制造业特别是劳动密集型制造业的产业转移是从2008年开始的，到2011年产业转移逐渐成为潮流。在这些承接中国产业转移的国家中，东南亚是最重要的一个区域，其中越南的热度最高。

3. 投资东南亚的机遇与挑战

如果你错过了中国过去10年的高速发展期，那么你绝对不能错过东南亚市场。近年来，在互联网科技的推动下，人口众多的东南亚市场孕育了一批快速成长的独角兽企业。除跨国公司的增长方式外，亚洲经济体必须找到未来的创新之路。互联网的出现，给东南亚带来了一种新的范式。随着移动互联网的渗透和崛起，在B2B领域更有可能打破传统供应链，使数字渠道变得更加高效。对于东南亚市场有创新、人才和增长，这是一个即将迎来快速增长的市场。

东南亚确有很大的机会，同时挑战也是有的：第一，政治体制及监管制度。政治体制以及政治环境一定要审慎，这样可以更好地了解它们对外国投资的监管制度。有些经济体正在开放过程中，所以会存在一些外企是否能够公平竞争的问题。中国民营企业如果希望在东南亚进行发展的话，一定要找到一个合作伙伴，建立一个良好的结构。尤其是民营企业，如果能够一起合作的话，能够更好地进入东南亚国家，进而所有东盟国家。这是非常有效的、积极正面的方式。

第二，供应链不完整，很多原材料、零件、机器等都需要从中国进口。柬埔寨70%的出口商品是服装，而面料和配件都要从中国进口。根据越南海关总局的数据显示，2018年越南对中国的贸易逆差为1600多亿元，其中从中国进口的设备占到800亿元，从中可以看出越南制造业对中国的依赖。这有点像20世纪80年代初中国的"三来一补"政策，原料、设备、技术从海外引进，然后利用国内廉价的劳动力进行生产，再把制造出来的商品销售到其他国家。

第三，东南亚国家的劳动力素质普遍偏低。中国在全球制造业价值链中最有价值的是我们拥有1.65亿的熟练技术工人，他们都接受了良好的职业教育，有良好的纪律性，我国的劳动力人口有着一定的优势。

第四，市场的碎片化。这里有多种文化，各个文化之间都存在明显界限。如何在不同的市场扩大业务规模，是一个很大的挑战，如从马来西亚到印度尼西亚、泰国和菲律宾。虽然我们将这个区域统称为东南亚，但它并不是由单一国家组成的。这里有多个国家，每个国家都有自己的监管规则、文化和背景，各国的 GDP 发展水平与消费水平也有很大的差异。

4. 一些建议

见证了中国的"世界工厂"模式，而印度为了获得经济增长，采取了"世界办公室"的模式。这两种模式都有助于技术发展、效率提升。但东南亚既做不到"世界办公室"，也当不成"世界工厂"，它们应该走什么道路实现经济发展？在研究东南亚市场的时候，我们必须要研究这个市场本身。现在这里有哪些基础设施，有哪些亟待解决的痛点，当前市场上有哪些不成熟的地方。

对于东南亚的政治生态、商业形态、潜在环境、风险和合规进一步了解，然后才能做出投资决策；尽可能地找到好的合作伙伴，本土创业者有自己天然的优势，他们可以专注于需要解决的痛点；组建团队的时候不要只考虑同一文化背景的人，更应该考虑建立一个多元化、全球化的团队，这样才能够进入更多的市场；能够与政府进行建议性的方法进行合作。东南亚很多国家有一些长期主导经济的企业，但是它们的中小企业是非常有活力的，可以与它们建立长期的关系。

在对中国企业的对外投资过程中，我们学到了一个经验，那就是企业要想获得成长并创造价值，必须要找到提高效率的方式，也就是说新经济，这样才能维持这些市场的增长，并且对社会产生巨大的影响。

（二）亚太地区的制造业将是数字化转型的投资重点

据市场咨询公司 IDC 的最新数据显示，2019 年亚太地区（不包含日本）用于推动业务实践、产品和组织实现数字化转型的技术和服务支出预计将达到 3758 亿美元。数字化转型支出预计将在 2017~2022 年实现稳定增长，五年复合增长率达到 17.4%。

从地域来看，中国将是亚太地区数字化转型支出的最大市场，2019 年占该地区总支出的 60% 以上。从细分领域来看，中国数字化转型支出最多的领域将是离散制造业，2019 年预计支出为 553 亿美元（约合人民币 3829 亿元），其中流程制造业支出将为 306 亿美元（约合人民币 2119 亿元）、政府数字化领域支出将为 209 亿美元（约合人民币 1447 亿元）。

亚太地区在采用支持数字化转型战略的新兴技术方面已逐渐成熟，中国企业正在帮助东道国企业重新构思业务、评估价值链，重新与客户进行沟通，将它们的企业重建成数字化的原生企业。亚太地区的政府和企业都开始了解这些新技术为其业务带来的价值，并且利用众多正在发起的规划潜力，让工作人员更加精通于自身的工作。提高劳动力技术水平，使其适应未来发展，这些均需要被放进企业和政府的首要议程中。

2019 年，对数字化转型投资最大的两个行业是离散制造业和流程制造业。对这两个行业而言，数字化转型方面的首要支出是智能制造，其次是数字供应链优化。在智能制造领域，自主运营、制造运营和质量领域获得了大量的投资。政府领域的数字化转型将在 2019 年成为第二大产业，紧随其后的是交通和公用事业行业。这些行业都将追求不同的战略优先组合，其中政府将优先追求医疗保健便捷性，运输业将优先开展数字供应链优化，公用事业领域将优先推动数字电网。

亚太地区的数字化转型步伐已经加快，这将继续推动全行业对技术的重大投资，包括硬件、服务和应用程序等。组织变得越来越成熟，它们正在重塑数字愿景和策略以实现可衡量的结果。它们正在重新思考数字化转型，以更好地了解未来企业的应有面貌，并越来越注重应用数字技术来应对未来工作方式、客户互动、智能化、运营和思想领导力。

四、投资重点区域之三：拉美地区

（一）概述

中国和拉丁美洲的合作基金也是关注拉丁美洲国家投资的基金，中国和拉丁美洲历史上从来没有出现过这么强大的贸易合作关系，现在贸易额已经达到 3000 亿（美元）规模，这是 2018 年中拉之间的贸易额。中国和拉丁美洲之间的关系在不断增长，而且很多领域都有所增长。我们基金的使命就是在拉丁美洲进行投资，支持中国企业走出中国到拉丁美洲，这个基金已经投入了 10 个不同的项目，分别位于巴西、阿根廷、秘鲁、牙买加、厄瓜多尔。我们也希望在哥伦比亚和墨西哥进行更多的投资，我们在不断努力，希望能够开发一些新项目。

如何把社会责任结合到最终的投资决策中和可持续发展投资的概念。我们知道环境、社会、治理非常重要，这是我们做投资决定时三个重要的基本原则。我们在选项目的、选地方时，如一些地区的能源是缺乏的，很多国家把重油作为能源原料，带来了大量的环境污染问题。所以，我们希望寻找到一些投资机会，能够帮助我们利用拉美富饶的天然气储备，利用它把重油发电设施转换成更加环保的发电设施。

拉丁美洲有保护环境的传统，很多国家法律法规非常严格，而且执行也非常严格。所以在那些地方进行投资的话，我们一定要尊重当地的常规或者习俗、法律法规。

中国是巴西、阿根廷和智利主要的贸易伙伴，最近在阿根廷进行的一项民意调查显示，对中国持正面看法的人首次超过了对美国持正面看法的人，这是一个惊人的变化。

（二）注意事项

由于国家信用及工会劳工组织势力传统上比较庞大的问题，中国企业到拉美从事劳动密集型的产业，往往三天两头会遇到劳工冲突问题，而且还有一些政治因素在推波助澜，所以我们要做好防范管理。

五、投资重点区域之四：欧洲地区

（一）中欧经贸合作前景潜力巨大

中国对欧洲地区投资结构随着欧洲政策、经济和市场的发展不断发生变化，朝高附加值、高质量方向持续优化。同时，中国企业对欧洲地区投资方式日趋灵活，通过并购、参股、联营/合营签署战略合作协议、建设工业园区等多种方式加强经贸合作。欧洲经济体拥有中国投资者所寻求的多种资产和特质，而中国投资规模的扩大也凸显了欧洲的吸引力。中国对欧洲日益增长的关注点包括：建立高新技术资产，获得新兴技术和专有技术；寻找中国商品和服务进入欧洲市场的渠道；通过欧洲企业网络进入第三方市场，尤其是拉丁美洲和非洲；提高中国产品在国内外的知名度；整合生产、产权和运输方面的区域和全球价值链；在全球动荡和政治不确定性的背景下，稳定的法律、监管和政治环境颇具吸引力。

中国对欧洲的投资可以促进当地就业、经济发展和技术进步，但也可能是一种不稳定、战略性的挑战。欧洲各国政府和欧盟需要在风险管理和市场开放之间找到适当的平衡。

由于欧洲等发达国家的低利率环境，一些资金充沛的大型国企集团以及持有大量待投资本的财务投资者或民营企业家可以抱团"出海"，中国民营企业在对外直接投资中可以利用较低的融资成本，进行杠杆式收购。随着中国企业在全球价值链的高端领域布局和发力，预计未来一段时间，高端制造业、高科技等行业将成为中国企业海外投资并购的热点，特别是在新一代信息技术领域，如人工智能、大数据、云服务等领域直接投资和并购将大幅增加。

（二）欧盟的政策会影响投资交易

中国对外直接投资下降的主要原因是中国对对外投资监管的收紧。随后，外国的政策和监管机构的行动进一步造成了对外投资的下降。

美国国会正在致力于加强国家安全投资审查和对外技术转让审查。相比之下，欧洲的投资政策和投资环境显得更加友好。目前，欧洲的监管障碍依然较低，政治关系也更容易预测。如果涉及工业高科技资产，欧洲有很好的基础，这与中国监管机构的对外投资重点非常一致。但是，出于对被收购企业的担忧，欧洲也在扩大其审查外资流入的机制。

近五年，中国对欧洲和北美的投资大致处于同一水平，但现在中国的投资者明显倾向于选择欧洲。对中国投资者来说，最重要的是对具有良好商业规划和目标的实体经济领域进行投资，投资要在安全的商业和监管环境中运作。

（三）对欧盟投资及经贸往来的展望

中国对欧盟的投资在 2018 年仍保持在 200 亿美元以上，首次显著超过了对美投资。2000~2017 年中国对欧盟的投资流入几乎与美国持平。2018 年，欧洲国家的交通和基础设施、欧盟信息通信技术（ICT）和汽车业仍是中国企业投资的主要领域。事实上，2000 年后中国企业在欧盟国家的大部分投资都是以收购形式进行的，凸显了中国企业海外投资者对技术和资产购买的重要选择。欧洲国家的农业科技、金融科技、医疗科技等行业为中国企业提供有价值的机会，并且通过投资伙伴关系为中国投资者带来具有价值的商业及发展机会。

欧盟直到 2019 年初才实施了第一个投资审查框架，然而该框架仍处于萌芽阶段，并将实际决策权留给个别会员国，这些会员国已开始逐步采用更严格的国家投资审查机制，这种审查机制可能会逐渐阻碍中国对欧洲的投资。不过，就目前而言，欧盟对中国投资的态度可能会受到其在竞争政策、公开招标规则和数据隐私等问题上的政策影响。

欧盟投资审查框架尤其对中国投资者产生影响。欧盟法规鼓励成员国着力审查在敏感技术和关键基础设施领域国家支持的投资。这可以涵盖中国在欧并购活动的很大一部分。据估算，2018 年中国在欧洲 82% 的并购交易属于审查范围。设立更加复杂的投资法规，可能只是欧洲对华贸易投资政策更广泛改革的第一步。一些欧洲领导人不仅希望而且正在考虑其他领域的改革，包括两用物项和关键技术的出口管制、数据安全和隐私规则、采购规则和竞争政策等。欧洲国家与经济合作与发展组织其他经济体在规则上的趋同，将给中国投资者在欧洲带来额外挑战。

实施更协调和更专注的欧洲投资审查框架；坚持互惠原则和公平竞争原则来应对广泛挑战；树立全局思维；除直接投资外，开发一种更加复杂的数据驱动型资本流动研究方法；深化欧洲在对外投资方面的协调与沟通；投资欧洲一体化。

六、投资重点区域之五：非洲地区

（一）为什么是非洲

自从非洲的政局整体稳定下来、战乱纷争减少之后，撒哈拉沙漠以南非洲国家的经济增速持续上升，人均 GDP 翻了 3~4 倍。如今非洲年轻的人口结构如同改革开放前的中国人口结构一样，即年轻的社会，大量的潜在就业人口。

如今中国在全球供应链中逐渐攀上更高附加值的位置。同时，人力和土地成本也在不断攀升，人口结构不再年轻。如果不能找到新的出路，谁也不知道命运的转折是否会就此开启，由此发现非洲可能是出路之一。

中国进口资源的同时，将工程机械产品出口给非洲国家，帮助它们发展工业。不过由于农产品出口比较廉价，非洲很难拥有大量的外汇来购买我国的商品。但幸运的是，非洲有丰富的资源，如原油、锰、铜等。

非洲虽然物产丰富，但缺乏基础设施，不管是资源的开采还是运输都不便利，资源长期以来得不到充分开发。非洲经济发展需要我国帮忙基建，同时我国需要非洲的资源，于是就有了"资源换基建"的模式。这个模式最大的特点在于实际上并不发生跨境的资金交易，而是合作双方彼此间自然资源和基建服务的互换。

（二）接受投资是非洲需求的核心

非洲国家是世界上资金流入量最少的区域，鉴于其人口趋势和目前的发展水平，非洲显然也是资金需求最多的区域。

"一带一路"沿线国家对中国 40 年积累的东西具有分时间阶段、分层次的需求。中国已经充分竞争的行业，往往是非洲最需要的。如对于非洲的农业是巨大的机遇，它们所困扰的一些问题可能在中国企业看来是非常简单和习以为常的。中国对非洲的投资仍然处于早期阶段，中国正在迎头赶上对非洲的直接投资，其水平与其经济规模和与非洲地区的长期政治关系相称。中国作为资产"并购"收购者的主导地位更加明显。然而，非洲获得的国际直接投资大部分是绿地投资。数据表明，在外国直接投资方面，中国还不是非洲最大的投资者。

境外合作区已经成为推动中国企业对非洲产业链整合投资加快增长，产业集聚的重要依托，在园区内形成了轻工纺织、家用电器等多个产业群，提升了当地工业化水平，装备制造业的发展也大大促进了当地的经济发展和产业配套和出口创汇能力。

（三）中国在非洲投资的另一个重要特点是行业集中度

除制造业的小部分绿地投资外，中国的大部分投资或贷款（就项目融资而言）都符合中国企业的海外投资战略，投资标的包括公路、铁路、基础设施、电站等项目。在此基础上，中国对非洲通过绿地投资创造就业机会的平均水平（每 100 万美元投资创造就业机会 1.78 个）低于世界其他地区（每 100 万美元投资创造就业机会 2.24 个），这并不奇怪。这本身就是中国未来继续投资非洲可能面临的关键问题之一。未来将会出现更多中小型的企业，他们将为非洲大陆带来非常多的投资和活力，也需要我们提供针对中小企业的银行服务。同时，双方经常在中非融资交易中合组贷款银团。银团贷款将是未来的主要业务领域。

非洲是人口增长最快的地区，但平均而言，中国对非洲的国际直接投资（FDI）每单位投资创造的就业岗位有所减少。要使这种外来直接投资受到欢迎并持续下去，就必须改变其性质，以便为非洲地区创造更多的就业机会。非洲基础设施建设相对滞后，制约了非洲一体化和可持续发展。中国在基础设施领域资金、装备、技术优势明显。换句话说，中国要想再对非洲的投资战略上取得成功就必须把投资重点放在劳动密集型的制造业，总之，这些趋势对于那些想要在非洲市场竞争的公司来说无疑是非常重要的。如果不创造就业机会，考虑到非洲的人口动态，未来外国对非洲的直接投资可能无法持续。

（四）发展前景

非洲经济内生增长势头强劲，经济复苏大趋势初步形成，并在一定程度上得到巩固，特别是资源密集型经济。这种现象也证明了非洲经济的韧性和抵御风险的能力。非洲开发银行强调，实际生产总值的上涨通常反映出正确的宏观经济政策，结构性改革方面的进步（特别是在基础设施建设方面）以及合适的政治框架。

深化投资、建设与运营一体化，对非洲经贸合作更加多元化。通过投资、建设、运营等一体化模式，推进全链条综合开发和运营。同时，也将加强中非双方在重大项目规划、科研、人才技术、管理运营等方面的合作。应继续探索和积累相关有益经验，深化中非合作互利共赢。非洲国家正积极致力于提升贸易便利化水平，更好地发挥贸易在促进经济增长和可持续发展中的作用。非洲联盟《2063年议程》要求，到2045年使区域内贸易占非洲贸易总量的50%，以及非洲贸易占全球贸易总量的12%。

中国企业还应注重加强公私合营伙伴关系，以撬动更多私人资本投资在非洲基础设施、制造业等方面的投资，同时还积极探索三方或多方合作模式。随着中非合作的不断深入，越来越多的中小型企业赴非洲开展商贸和投资活动，中资企业在非洲的发展领域和发展地区有希望进一步拓展。

在充分肯定部分改造成就的同时，不稳定因素及风险持续存在，长期积累的矛盾仍有待解决。我们尤其应关注非洲国家的政治风险，指由于非洲国家内部或外部的原因，其政府所采取的政策或行动给大多数跨国公司的经营带来负面影响。

第二节　中国民营企业对外直接投资的风险与应对

不同国家的政治制度、经济发展水平、市场成熟程度、社会稳定程度和文化习俗等方面差别较大，加之中国自身的投资管理依然存在一些问题，必将给中国的对外直接投资带来一定风险，必须要认识到机遇与风险并存，高度重视，审慎化解，以便民营企业在对外直接中规避及应对，以进一步加深"一带一路"沿线国家的国际产能合作。

一、中国民营企业对外直接投资面临的主要风险

民营企业开展境外投资业务，企业不但需要关注东道国的国家风险、政治风险、管理及运营风险、法律与合规风险、社会与文化风险、自然、信用与监管风险、环境风险等，还要关注营商环境风险，还要根据不同性质、不同类型的投资项目关注其核心风险。此外，企业还必须关注各种区域冲突和局部战争带来的风险。对于一些安全形势恶化的国家和地区，企业要认真落实投资计划，特别要注意外商直接投资的复杂风险和后果。本书在前人研究的基础上，结合我国实际，分析了我国民营企业在对外直接投资中面临的各种风险因素，具体如下：

（一）国家风险

国家风险一般指跨国公司受到东道国的政权更迭、战争、廉政情况、国有化、征税、暴乱、汇兑限制、撤销许可、宗教冲突、恐怖袭击等因素影响，导致损失的可能性。

1. 世界范围的跨国投资阻碍增多，发达国家投资审查措施趋严

当今世界，随着政治经济多方力量的博弈，全球经济高速发展的同时仍然面临诸多不确定性因素，给全球范围内的全球直接投资带来的重重阻力都将对 2020 年的全球直接投资带来负面影响，其中美贸易争端及美国对以华为为代表的中国高科技企业的封杀等都严重破坏了全球价值链，造成的负面效应在亚洲将特别显著。

2. 投资风险方面——以拉美国家为例

根据近几年的投资趋势看，中国对拉丁美洲的投资份额将持续增长。拉美这个地区有悠久的历史，近代逐渐走向比较成熟的民主制度，但是对拉美投资的时候，每个国家有不同的风险。

企业最关注的是一个国别的风险。因为拉丁美洲的政治情况，还有制度情况都不一样，特别是最近这一段时间大家也关注到拉美一些国家，特别是我们认定非常好的，具有投资环境的国家都发生了一些社会骚乱的问题，如智利最近发生了地铁票涨价，导致一周前百万民众上街游行，甚至其中一些人失去了生命。这样的事情是投资人要特别关注的，很多投资人在拉美没有直接生活的经验，对当地国家的了解基本都是书面的，所以国别风险是首要风险。

以拉美国家为例，拉美国家政治形式多样，在文化、法律等方面与中国有巨大差异。考虑到中国对拉美国家的直接投资现状和各国的政治、经济情况，巴拿马、墨西哥、巴西和秘鲁的风险相对较低，智利、委内瑞拉、哥伦比亚和玻利维亚的风险相对较高，因此投资拉美国家时，中国企业要注意防范和规避风险。如可以与其他投资企业组成联盟，携手抵御风险，在投资同时要关注当地的就业率，帮助东道国推动经济发展，同时为自己争取更多的利益。

（二）政治风险

政治风险（包括国际政治环境）主要是指东道国或母国的政治力量、政治事件或者国际环境出现了恶化的趋势导致跨国企业有可能不得不停止自身的经营活动。对于不同的国家和地区，企业所面临的政治风险也有所差别。具体来看，主要有以下几种：

第一，政府干预。包括东道国的政府干预和第三方国家的政府干预。第二，东道国政体、政权、意识形态等风险。主要是指东道国政治环境的变化，这对中国的投资项目构成了巨大的威胁，可能导致投资项目中止或完全失败。这些风险包括在计划和施工阶段的项目取消，遇到的许可问题和社会反对，在业务阶段的合同风险，项目整个生命周期内的监管、转让及兑换、税务和司法风险。第三，东道国政策干预。例如发达国家投资管制措施趋严，行业监管力度加强。第四，第三方国家的政府干预。一种是第三方国家政府制定并实施相关的政策或措施来进行制裁；另一种是第三方国家通过利益的诱惑或给东道国政府施加压力的方式来使东道国改变既定的决策，进而达到自己进行干预的目的。第五，没收、征用或国有化。没收、征用或国有化风险，是指东道国政府通过出台相关法律法规，无偿或以极低成本取得或控制企业财产，严重损害外商直接投资企业利益的行为。第六，恐怖主义活动、内乱和战争。第七，民族主义风险。

（三）管理及运营风险

经济风险包含全球经济状况、沿线国家的经济发展水平、主权信用、市场波动、通货膨胀、金融系统及汇率、企业经营成本变动等方面的风险。

1. 宏观经济风险

宏观经济风险能够对我国民营企业对外直接投资资金流转率以及收益和成本方面造成重要的影响。

2. 外汇风险

这里我们涉及的汇率风险是指企业受东道国汇率变动而造成经济损失的可能性。企业不仅可以利用合同条款限制汇率风险的发生，而且可以通过金融市场上的汇率避险工具控制汇率风险。在境外投资中也可使用外汇套期保值条款与东道国相一致，以避免外汇汇率风险。

3. 不可抗力下的业务中断风险与防范

2003 年的"非典"疫情、2011 年 3 月日本福岛地震和海啸以及"新冠肺炎"跨国疫情的扩散，使得全球供应链中断等问题剧烈冲击各国经济，许多跨国公司都发现了供应链中隐藏的弱点、风险，这些风险对企业造成了巨大损失。以福岛地震和海啸为例，令人遗憾的是，尽管大多数公司可以快速评估福岛事件对其直接供应商的影响，但它们对灾区二级和三级供应商的影响却缺乏认识。因此，当下许多企业必须在九年后重新学习福岛的教训。随着世界各地区许多公司慌乱地确定哪些"隐形"下级供应商（也就是与它们没有直接交易的供应商）位于疫情地区，更凸显了过度集中和不透明的供应链所带来的问题。

由于员工无法上班或政府旅行限制造成的利润损失，通常不会触发财产保险的理赔。业务中断险通常限于对指定客户或供应商的财产进行直接的物资损害赔偿，由于"冠状肺炎"疫情并未对财产造成物质上的损害，因此通常不会引发此类保险对经济损失的赔偿。

贸易中断险涵盖了因贸易流量中断而导致的收入损失、不可预见的成本和合同罚款。由于通常此类保险并不要求对货物或其运输造成直接的物资损失，或许可以为企业提供一定程度的保护。但是企业不但需要表面上以"买保险"来防止经济上的损失，更要借多元化、数字化管理供应链来以无形的方式"买保险"。

（四）法律与合规风险

1. 法律风险

法律风险主要指目前中国与其中一些国家的投资保护协议仍然相对落后，无法满足当前的投资发展需求。以政治和法律风险为例，当公司的利益与东道国的利益发生冲突时，主权国家可能撤销对我国企业的优惠政策或调整税收政策。为避免此类风险，我国进行海外投资的企业应在东道国找到良好的合作伙伴，与外国机构保持密切联系，关注当地的政治和法律变化，并在商业环境变化时掌握主动权。

2. 合规风险

中国企业在"走出去"过程中，在技术安全、数据合规上都面临着一系列挑战。发达经济体试图通过经贸摩擦、竞争中性、国家安全审查等新手段重塑全球贸易投资规则。2019 年 4 月，欧盟《外资审查条例》正式生效，该条例明确了欧盟成员国可以合法阻止外资对涉及关键基础设施、技术、原材料和敏感信息的收购交易，中国对外直接投资面临更加严密的审查。9 月，美国财政部发布了《外国投资风险审查现代化法案》（FIRRMA）实施细则，列举了 28 类关键基础设施。日趋复杂的涉外政策督促中国企业依法合规经营。近期苹果公司在法国因为被质疑垄断而被处以 11 亿欧元的罚款，这样的巨头都难以避免在海外市场踩坑，可见对于大多数普通中国企业而言，"出海"的挑战自然会更大。但过去中国企业对企业合规问题不够重视，这几年企业合规问题已成为热门话题，这是因为强化企业合规监管，在全球范围内已经成为现代企业发展的一个潮流。

（五）市场环境风险

对"一带一路"国家的直接投资风险主要来自国际市场环境风险，为了更好地预防和解决这些风险，中国投资企业必须及早进行市场研究，全面了解各国的相关政策法规、政府的决策趋势，掌握经济发展的动态，充分了解东道国的文化差异，进行进一步的风险评估和 SWOT 分析，并提供适当和科学的参考，以制定合理而完整的投资策略。

（六）社会与文化风险

1. 社会风险

社会风险包括如何与劳工组织、工会打交道的问题，同时企业在国内可能也会面临着劳务派遣和劳务派遣公司的经营存在不规范的问题。中国企业面临的风险还表现在部分企业"走出去"时还有想当然成分，容易生搬硬套国内思维模式，"重上层，轻民间"现象严重，会重视跟当地政府打交道，而不重视跟当地民间打交道。

2. 文化、宗教风险

在宗教和文化等差异所带来的挑战下，有的企业往往难以施展拳脚、步履维艰，文化的水土不服现象也会引致一系列问题。文化环境是国际投资的"软"环境，它显然没有像政治和法律那样严格的政策和规则，但它无处不在，并且渗透到社会和经济的每个角落，会带来巨大的影响。不同的国家具有不同的文化背景，如意识形态、民族特色、宗教信仰、社会风俗等，无疑会对中国在这些国家的直接投资构成巨大的威胁。比如在中东，宗教极端主义者一再破坏中国在能源开采和基础设施建设项目上的投资；柬埔寨政府根据人民的环保要求取消了中柬合作大坝的项目；越南的极端民族主义活动削弱了中国的投资等，我们必须高度重视，认真对待。

（七）信用、监管风险

国际经营中的信用风险是指企业在国际经营中向客户提供商业信用后，由于一些意想不到的原因，使受信任的客户不能按时、按量偿还货款而造成损失的可能性。因此，企业国际经营信用风险的成因应该是导致投资收入不确定性的各种潜在因素的总称。这些原因分为以下两个方面：

首先，参与"一带一路"投资的国家除正常的商业风险外，还面临着重大的信用风险。

其次，我国企业在境外投资过程中还面临法律风险。如贸易救助调查、反托拉斯调查和国家安全审查等。投资者应提高风险防范意识，加强投资前的尽职调查，重视投资的安全性和利润汇报等问题。

（八）环境风险

环境风险是指企业在境外实施投资业务过程中对环境产生不利结果的可能性。投资主体必须熟悉和遵守当地的环保政策。中国企业在"一带一路"

沿线国家的投资主要集中在交通、矿藏、能源、水利等对生态环境有一定影响的行业。由于部分中国企业缺乏环保意识，容易受到来自东道国的自然和生态环境风险的影响。因此中国企业对环境方面的风险更应注重防范。

（九）多元化经营风险

多元化发展战略"陷阱"一般表现为：第一，资源配置过于分散（多元化风险）。第二，产业选择误导（扩张的风险）。第三，运作费用过大。第四，人才难以支撑，即人力资源风险。

二、中国民营企业对外直接投资风险防范与应对建议

中国民营企业在逐渐加大拓展全球的业务，扩大对外投资和跨国经营规模。我国对外直接投资进入理性调整阶段后，风险较高的行业投资出现了零增长，也表明中国对外直接投资更加趋向理性，总体的投资风险有所下降。为有效地降低民营企业境外投资风险，我们应主要从以下几个方面做好防范措施：

（一）政治风险的防范措施

1. 企业海外投资应参加政治风险保险

投资保险已经成为完善全球治理机制的重要组成部分，具有不可替代的重要作用。海外投资保险制度指的是境外投资者向保险机构购买了相关的保险业务后，在海外进行投资时，如果因为不可预测的政治风险而遭到损失，那么便可以向其购买保险的机构申请赔偿，以购买投资保险和担保的形式，将政治风险转嫁给保险公司。

中国企业尤其是民营企业在对外直接投资前应该做好目标国家、标的公司以及投资行业的前期调查，通过专家咨询、了解政策、阅读资料、查询数据、实地考察等方式，对东道国的政治体制、法律体系、标的国家的国际关系以及可能引发的政治问题等东道国所处的政治形势进行全面的评估，预测投资地区发生政局变动以及地区政治冲突的可能性。也可以通过专业的咨询机构，如国际风险评估机构、国际投资银行证券公司、知名的会计事务所和律师事务所等，因为专业的咨询机构能够提供较可靠的投资建议。

选择国家政策重点引导支持的领域和行业更容易获得本国政府的海外政

治保护和政策支持。我国民营企业还可以积极同国外企业建立长期的合作伙伴关系，通过合作项目的共同经营管理，将本国企业和海外企业形成利益共同体，捆绑利益共同经营，提高企业经营能力，同时又能合理分散风险。

2. 构建政治风险评估体系，搭建信息服务平台

风险评估是风险管理的前提和基础，对东道国政治风险进行准确的界定、分析和评估对我国企业衡量对外投资经营决策具有重要意义。我国应建立健全对外投资政治风险评估体系，确立政府为主，专业风险评估机构和对外投资企业为辅一起参与的新机制，并搭建政治风险预警系统，完善政治风险报告制度。

3. 加强国际沟通合作，与东道国签订双边投资保护协定

由于中国在海外投资保障机制的建立上缺乏国际经验，可以多参照发达国家的做法。中国在规避风险的同时发展对外投资来推动新的全球经贸投资秩序建立。应加强对海外投资的管理，特别是应当注意海外投资的鼓励与保护，以降低海外投资风险发生的程度和对企业的影响。只有建立有双边、多边协定，才能真正落实责任和权利。

（二）法律和合规风险的管理

1. 概念的厘清

大家经常说防范和杜绝风险，实际上法律和合规风险没法杜绝，用管理风险的概念更为合适。这类风险分为三种：一是可以通过法律合规工作杜绝的风险。二是没法杜绝，但可以通过结构化、合同及其他软性措施降低对项目的影响。三是基于给定的风险决定推进项目还是不推进项目。对于第三种风险，在不能量化的情况下，我们要综合考虑，不仅要考虑法律合规，还要考虑法律上、财务上和税务上的各种因素，最终形成这种法律风险会不会阻止投资决策的结论。

2. 完善对外投资合规与法律法规，合规经营

企业合规问题不仅是企业自身要做，也是企业政府责任。这几年国家有关部门发文，对海外企业进行合规指导。如国别投资指南。商务部驻在国使领馆经济商务处每隔几年都会编一本国别投资政策指引，阐释当地国家在投资的合规、法律法规方面的政策，同时，加强对企业合规人才的培训。对国际和个别国家所谓非国际通行规则，带有一些歧视性以合规为名的保护措施和政策，企业可以向主管部门反映，包括商务部、外交部也可以通过多双边

途径交涉和维护，或者争取修改那些不合理、不合法的政策规定，积极维护"走出去"企业的合法权益。

2019年12月，中共中央和国务院联合发布《关于营造更好发展环境支持民营企业改革发展的意见》，对民营企业强化合规经营做出明确要求，推进民营企业"走出去"遵法守法、合规经营，塑造良好形象。政府通过"一带一路"官网、"走出去"公共服务平台，为企业提供法律法规、国际条约、经贸规则、规范指引、典型案例等合规管理相关信息；中国贸促会积极开展系列合规经营专题培训，制定企业合规指引，帮助企业建立健全合规管理制度。我国民营企业也应密切关注世界及东道国法律及行政法规变化，及时有效地识别因政策法律变化带来的合规性风险。

合规问题不仅是简单的企业信用问题，严重的是关注企业生死存亡的问题。企业如果严重违纪或不合规，马上会涉及破产、倒闭。所以，企业合规是一种软实力，不仅是国家法律层面的要求，也是企业自身发展的内在需要，更是企业现代管理、现代治理体系和能力的具体表现。

合规零容忍是一种态度，更是一种尺度，只有在把关的时候零容忍，在发生事情的时候才能做到可控，包括技术上很多的处理，事关管理层，无论是国企还是民企，零容忍已经在很大程度上被广泛接受了。杜绝风险可能没有办法，你只能与之共存、与之管理，这涉及预先的制度设计、责任分担、公司架构上设置专门的机构、专门的人员、专门的岗位，去进行制度设计梳理和执行，设计追责制度和绩效考评制度，所有的目的使得合规系统化、标准化、可管理、可控制，并且要长效。

所以，在"走出去"的过程中，民营企业不仅需要具备强大的经济实力和科技水平，更需要具备强大的合规竞争力。所以，在这种情况下，企业一定要高度重视企业合规管理问题，完整其组织架构，建立切实可行的合规管理体系和制度，才能使企业形成一种合规文化，才能使企业在"走出去"的过程中，行稳致远，立于不败之地。

（三）技术层面的风险防范

1. 中国民营企业"走出去"应该坚持自主创新，把握发展方向

创新是企业进步之魂和永葆竞争力的基础，苹果公司的创新使其处于行业领袖地位。中国民营企业"走出去"要注重自主创新，华为企业的不断创新使其在5G时代占据先机。民营企业"走出去"要准确把握市场需

求，民营企业自身依托于现代通信互联网技术背景，不断注重技术研发，结合市场需求，把握行业发展的战略方向，做到技术革新服务于东道国和本国市场。

2. 注重技术安全

民营企业要建立自身技术安全保障体制，采取有效措施保护行业和市场信息，保护好企业客户隐私，做好投资后各项关键核心技术的安全防护，通过合理的人才激励政策，留住企业核心关键技术人才。

3. 力争政府担保，降低风险水平

关于境外大型基础设施和能源出资项目，出资和外汇规模巨大，在与东道国政府商洽时，获得中央银行或政府对外汇汇兑的确保，不仅是项目开发胜败的关键，更是项目是否具有可融资性的决定性要素。经过政府的外汇担保，能够将外汇兑换的商业义务上升为政府主权义务，为出资人供给更高层次的风险确保，即确保外汇能够顺利兑换。

（四）汇率风险的防范措施

企业在进行项目出资前，要对东道国进行专项风险尽职调查，对东道国的外汇方针、规则和走向进行深度了解，确定东道国当时不存在外汇风险或风险可控。

1. 注重对外直接投资支付平台的建设，做好防范货币错配风险

注重对外直接投资支付平台的建设，优化海外支付方式，在汇率安全前提下，注重支付的安全性、稳定性。我国民营行业对外投资面临的投资国家众多，面对不同国家的支付体系水平参差不齐，要在投资过程中规避支付风险，协同东道国政府一道积极建立现代金融支付体系。

在境外建立经贸合作区给"走出去"的企业带来了诸多好处，包括完备的基础设施、"一站式"的服务、节约成本。在优惠政策上，中小企业可以借助平台获得免税、减税等方面优惠政策。同时，平台还在保税服务、专业中介服务等方面对"走出去"企业提供了诸多便利。结合中国金融业的开放促进"一带一路"建设，特别是借力投资平台，做好本币债券市场的发展和开放能够有效动员长期资金的参与，缓解货币错配的风险。

2. 尽量做到"收硬付软"

做好汇率风险应对与管控，项目收入应当尽量运用美元等货币计价结算，项目支出则运用当地币等货币计价结算。即使项目收入无法一起运用美

元计价和美元结算，也要坚持采用美元计价，尽量优化结算币种组合，部分当地币结算，部分美元结算。我国民营企业应优先选择政局相对稳定、市场经济自由度较高，且汇率稳定、风险相对更小，稳定性和收益性也更有保障的国家和地区投资。

3. 运用金融工具，合理对冲外汇风险

随着经济全球化和世界市场的不断加深，国际外币及汇率市场存在很大风险性和不确定性。针对汇率风险和利率风险，我国民营企业可通过外汇远期交易、外汇期权期货交易等手段来应对不确定的汇率支付风险问题。在跨国企业的日常生产经营活动中，应时刻保持对国际外汇市场的关注，企业自身要建立高度完备的汇率风险规避体制，制定自身应对汇率变动的各种对策。同时，境外出资企业同样能够采用多元化出资经营策略，在多国别、多市场出资，分散产品销售市场、出产场地和质料产地，以达到分散外汇风险的意图。

（五）经营管理的风险防范

1. 建立现代企业制度，推进企业的本土化经营

积极创新，建立现代企业制度，推进企业的本土化经营。我国民营企业进行海外直接投资后，随着并购投资后的新企业建立，经营管理过程中既要体现本国企业属性，也要服务于东道国本土独特的市场经营环境。当企业进行投资时往往会有各种各样的目标，而不同的目标就需要不同的途径来实现。同时，在国外进行投资时会遇到一些表面上很难发现的潜在障碍，如文化的障碍、心理上的差异，这在很多时候会带来问题。再如投资双方不是根据利益最佳来做决策，而是根据短期目标进行投资。

2. 构建现代高效的企业组织架构，选择合适的经营管理路径

我国民营在海外的直接投资完成后，要注重企业的组织架构，针对东道国独特的市场环境，有的放矢地进行经营管理路径设计，所选择的企业战略要服从当地独特的环境，从东道国当地实际情况出发。经营管理方案要符合当地政策，符合当地行业法规、文化背景和消费者的偏好。我国民营企业"走出去"起步较晚，企业在实际运营管理过程中仍然面临很多现实问题，要保证好投资后企业经营管理决策的有效性和合理性。

（六）加强跨境并购的风险防范

从企业内部来说，一些企业对跨境并购缺乏清晰的战略线路，并购目的

含混不清；一些企业没有对整合过程进行全面详尽的思考和规划；或企业对拟收购企业所在国的商业规则、文化、法律等情况不熟悉，投资后资源整合和管理能力不足，导致无法达到预期的整合效果；国内上市公司内控管理的要求在国外没有得到相应的重视。

不管是何种方式的投资还是跨境并购都不是一蹴而就的。尤其是绿地投资，要融入、熟悉投资国的文化、政策、法规，要弄懂对方。在考虑到海外进行绿地投资或并购前，实体企业首先要在国内做好经营，对公司的目标、目的地、团队以及各国的法律、文化、市场等有了深入的了解后，再充分考量风险，在控制风险的基础上，再进一步"走出去"。无论是何种投资和跨境并购，在新市场的拓展一定充满复杂性和不确定性。从以往的投资案例可以发现，海外投资失败的比例并不低。企业要做海外投资，必须先了解所投资的公司，研究对方的文化和方式，以理性的方式进行运营。对一个企业而言，战略的把握是最大的风险。没有意识到自己有风险，本身就是最大的风险。另外，由于涉及文化的差异，在不同的国家，监管、法律、宗教、社会、管理、科技等因素所带来的风险都至关重要，需要特别关注。

采用并购方式可以更加稳妥地进入新领域、新行业，跨国并购不仅可以扩大产品种类，获取生产经脸、市场份额和销售渠道，还可以低成本地获取专利、专有技术、品牌、商标等无形资产。但并购也有其内在的缺陷。首先是会计准则的国别差异、跨国并购市场信息障碍和无形资产转让壁垒等问题，使并购项目的评估变得更加复杂和困难。其次是跨国并购后管理体制的整合以及对目标企业原有问题的变革也会遇到很大的障碍。

（七）跨文化管理的风险防范

1. 尊重文化差异

我国民营企业要识别不同文化，要做到尊重文化差异，合作共赢。加强不同文化背景员工的联谊沟通，宣扬文化融合理念和国际化民营企业文化理念，加强海外公司对新企业的文化认同感，增强企业凝聚力。

2. 民营企业要做好投资后跨文化培训

中国互联网电子商务企业海外国际化进程的起步时间晚于欧美发达国家，企业内大多数人对国外文化风情缺乏基本了解，很多核心管理人员缺乏跨国经营管理理念。所以需要对整个企业进行投资后跨文化培训，促进投资后不同文化背景人员的沟通交流，提高国际化民营企业员工的凝聚力，增强投资后企业整体工作效率。

3. 进行文化创新融合

文化创新融合主要面对来自不同文化背景的员工在新企业中互相沟通交流，对母国及东道国文化进行重新整合，形成国际化民营公司特有的新型文化。两地区文化不断进行融合创新，形成具有跨国公司背景的新型企业文化，在投资后企业内部人员交流、整体价值观、制度准则以及凝聚力等方面都有显著提升，使跨国公司的国际化运营焕发活力。

4. 政企协作共同提升文化软实力

加强在东道国的舆论宣传，营造积极正面的舆论氛围。通过宣传、媒体报道、公共关系活动、公益事业、形象建设，我们应积极倡导和推广合作、互利、共赢的理念，树立中国的良好形象，与各国共同发展，使各国政府与民众公平、客观地对待中国的直接投资行为，以便政府和公众为中国在"一带一路"国家的直接投资创造良好的公共环境。应由相关部门牵头，整体谋划中国民营企业海外的形象定位，提炼中国民营企业形象"关键词"。以企业为主体，各级政府提供各类海外新闻传播配套支持，协调国内媒体提高用国际通用语言报道民企的频率，帮助一些中小型企业解决传播资源和文化交流平台问题，使"关键词"成为海外媒体传播"高频词"。

（八）人力资源的风险与防范

人力资源风险是指在企业海外直接投资过程中，由于人员管理和人员流动带来的风险，进而威胁企业后期整合，不利于企业经营管理。

第一，华为人才体系的精准选配、加速成长、有效激励的"三位一体"的管理模式和团队组建的八字方针：价值趋同，优势互补，值得我们学习借鉴。从本质上看，激励机制成功的背后有两个非常重要的底层要素，也就是获取分享制和期望值管理。

第二，培养跨界有国际视野的人才。企业要注重培养具有国际化视野的国际商务精英，丰富公司的海外战略人才储备，加强对投资后东道国新企业人才的培养，加强国际经理人相关培训，完善人才培训体系。进行国际化岗位轮岗，在提升其经营管理职能同时，增强其对不同国家、不同市场之间的了解，打造一支适应东道国市场运营的国际化运营团队。

第三，实施本土化经营。提拔优秀本地员工进入领导层，注重文化异质性整合，为解决东道国的就业问题做出贡献。第四，建立国际化的薪酬福利体系，加强东道国新设立民营企业员工物质生活保障，特别是相关核心技术人才的薪酬福利待遇。对公司核心经营人才及技术精英提供更完善的晋升体制，保障企业核心人才对企业的认可度和忠心度；对驻外工程师提供生活补贴、海外补贴等。

（九）优化互联网信息通信制造业全球布局

加快全球资源整合，完善优化布局，提升产能合作水平和竞争力，获取更高产业价值。建设全球装备研发中心，利用欠发达地区的人力资源和内需市场，建立全球分布合理、产业配套完整的制造基地，降低成本，就近开拓市场。加强针对海外市场特色需求的本地化研发、制造、服务提供，提升网络设备和终端产品的市场份额，扩大信息服务用户规模。战略性布局欧美发达国家，通过本地化研发、生产，逐步提高发达国家市场参与度，促进中国通信互联网行业的不断发展。

从目前的状况来看，企业"出海"所面临的核心困境首先在于本地化操作难度较大，在不同的文化、政策背景和生活习惯下，难以准确把握当地用户的真实需求。其次还面临着多重监管的限制，如当地政府和商业协会的监管；另外，由于在海外市场，一些科技巨头垄断明显，出海企业在营销推广的渠道上可选择的范围十分有限。最后技术服务难保障、出海安全风险高、网络资源不理想等也是企业出海中面临的突出问题。如何制定不同的推广运营策略，破解"水土不服、不接地气"难题，考验着企业的能力和智慧。

第 五 章
中国民营企业对外直接投资的
挑战、应对与展望

中国民营企业的对外直接投资已取得了丰硕的成果，特别是近年来我国对"一带一路"区域的直接投资成果显著。与此同时，全球政治经济的大格局深刻变化，风险、挑战和不确定性大大增加，尤其是贸易战下的逆全球化思潮、国际监管环境趋严和"新冠肺炎"疫情对全球价值链、供应链、产业链的冲击，对中国民营企业对外直接投资带来了现实挑战。要求我们以数字化、智能化模式创新去实现行业发展路径蜕变，充分利用中国民营企业的制度优势推动全球供应链多元化，在危机中确定增长的信心，在危机中彻底地自我变革。把危机变为中国民营企业对外大踏步发展一种新的契机，促使世界经济重回轨道。

第一节　中国民营企业对外直接投资面临的挑战

对于跨国民营企业而言，不仅需要克服国内经济风险，还需要防范与克服投资目的国在政治、经济、文化等方面的风险。促进自身高质量发展、转变发展模式对民营企业而言至关重要。

一、新时代对外开放和直接投资的主要特征与挑战

（一）全球政治经济的大格局深刻变化，不确定因素大大增加

经济上一超多极的局面虽未改变，但大国博弈，传统阵营分化，世界秩序深刻变革。在经济领域，单边主义、贸易保护主义、经济霸凌主义突出表现在中美贸易战上。贸易战没有赢家，不仅对中国、美国经济发展产生了挑战和影响，实际上对全球大的多边贸易体系的权威也构成了挑战，对全球价值链、供应链、产业链也形成了冲击，对全球经济增长是现实威胁。美国把中国作为全方位的战略竞争对手和安全威胁，特朗普把打压中国经济增长作为他采取政策重要的条件和标准，这些不仅体现在贸易战方面，将来还会有人才战、科技战、金融战，中美之间的大国博弈是一个长期、常态的过程。今后若干年我们都将面临这个问题，对我们长期稳定发展始终是一个挑战。

对中国来说，进一步推进全球化整合，有助于扩大获取国外技术的种类，促进与国外投资者、机构和人才之间的合作，共同开发全球领先的解决方案。但如果当前的贸易紧张局势持续下去，那么关税将会上升，技术流动也将受到实质性的限制，于是创新便会受阻，生产率增长也会大幅降低。

（二）"新冠肺炎"疫情后的"多振动的、不平衡的"的挑战

第一，在这次疫情当中，实际上各国各自为政，G7 和 G20 等国际协商机构事实上显得都很苍白无力。各国采取的应对措施主要是对人员流动进行限制和控制。即便疫情结束时，跨境人员流动也会趋向缓慢，不可能恢复到疫情之前的状况。第二，各国经济政策在疫情期间和疫情之后将会更加强调自力更生。就其广泛的经济意义而言，这会在一定程度上减少对外部产品和服务的依赖。当然，这并不意味着各国要回到闭关自守、自给自足的状态，但各国减少经济上的对外依赖看起来是一个新趋势。第三，在世界第一大经济体和第二大经济体之间，中美关系已经开始了局部性的脱钩，包括在经济层面和其他层面。中美两国已有第一阶段的贸易协定，但第二阶段协议仍遥遥无期。从长远来看，两国局部性的脱钩进程已经开始。第四，"一带一路"进程也会受到"新冠肺炎"疫情的影响，互联互通客观上由于病毒传染带来的各国断航等措施而按下暂停键。第五，从经济全球化的民意基础来看，疫情带来了巨大冲击。世界多个国家的民间社会和政

治家，对于全球化的共识在疫情发生后出现了弱化，疫情结束之后还可能会进一步地弱化。

基于以上几点，从经济全球化的全局看，在经历了一个快速发展的黄金时代后便进入"疫情后时代"（"新冠后时代"）。未来，国际社会还将会有更多类似的震动。各国在经济政策上的选择、经济发展上的水平、经济结构上的差别会有更多的相互差别。未来的发展方向也将倾向于有更多的不确定性。

（三）中欧经贸合作面临考验

近几年欧洲经济增长缓慢，"新冠肺炎"疫情的出现，使其经济形势异常严峻，中欧经贸合作不可避免地受到影响。长期以来，欧盟都是中国第一大贸易伙伴和最大进口来源地。据中方统计，2020 年 1~2 月中欧贸易额同比下降 14.2%，中国与东盟贸易额同比增长 2%。东盟已取代欧盟，成为中国第一大贸易伙伴。

近年来中欧贸易处于"瓶颈期"，一方面市场空间已经比较饱和，缺少新的增长点；另一方面贸易保护主义也给双边贸易造成阻碍。如果这些问题不能妥善解决，疫情扩散态势又不能尽快得到遏制，"旧病新疾"叠加之下 2020 年中欧贸易额可能会出现负增长。欧元区与欧盟的困境，比大西洋彼岸或许有过之而无不及。十年前欧元区爆发欧债危机，经"三驾马车"多轮救助才使危机国先后走出急救室，然而欧债危机的深层根源并未得到根本解决。2020 年底的英国脱欧，对欧盟造成深刻的经济、社会和心理影响。希腊 2018 年宣布正式走出危机前后，意大利因为经济政治矛盾长期发酵早晚将举行脱欧公投。而这次意大利是欧盟新冠疫情最严重国家之一，这个欧盟重要成员国经济政治环境承压能力如何显然不容乐观。德法等欧盟大国都面临严重疫情，欧洲经济及主要股指与美国同步震荡，疫情持续恶化导致金融经济震荡甚至危机，可能会使欧元体制甚至申根协议面临比欧债危机更大的考验。

中欧贸易受到的影响也会投射到双方产业链、供应链合作上。中欧很多产业是处在同一条产业链的不同环节，缺了中国企业不行，没有欧盟企业也不行。但受疫情影响，现在双方在产业链、供应链上的合作正面临考验。如果疫情持续时间拉长，企业可能不得不去寻找替代合作伙伴。因此，中国国内加紧复工复产，对巩固中国在全球产业链、供应链中的地位，抵挡逆全球化非常必要。

投资方面，受中国遏制非理性投资以及欧洲加强对外资审查等因素影响，中国对欧盟投资近年来降幅明显。官方数据显示，2019 年前三季度中国对欧盟投资仅 49.8 亿美元，不到 2017 年中国对欧盟投资额的一半。欧盟希望中国进一步扩大市场开放，加强知识产权保护，对中国国企有误解；中方希望欧盟对外商投资审查框架标准能够更清晰明确，避免中国企业遭受不公平待遇。这些领域的谈判往往不能一蹴而就。

（四）国际监管环境趋严，中国民营企业面临越来越大的挑战

投资政策环境恶化，不合理的限制性监管政策为全球投资蒙上了阴影。目前，以美国和欧盟为首的发达经济体加强了对外国直接投资的审查和监管，以窃取技术、盗取数据、威胁国内市场公平竞争等理由，对外国投资者实行准入限制和不合理调查。全球民族主义广泛兴起的背景下，众多发展中经济体的民族政府强制对外资企业进行审查并改革针对外资政策，外资企业往往成为政府民族主义论调的"替罪羊"。

（五）面对数字经济发展的挑战与应对
1. 双向开放下数字经济发展时面临的挑战

第一，民营企业需要把科技创新和传统行业相结合以求发展。中国经济从农业经济飞速发展到工业经济，进而步入数字经济时代，当今世界正在经历更广泛、更深入的科学技术革命和工业变革。科技巨大变革带来对这些企业的冲击。一方面对传统企业的焦虑，今天的移动互联网、人工智能技术、线上交易量越来越大，品牌的传播模式发生了巨大的变化，渠道的销售方式也发生了变化等，都给这些传统企业带来了巨大的变化，因为科技剧烈变化，一些民营企业不知道如何去应对。当前，对民营企业来说更需要把科技的创新和传统行业进行结合，所谓的传统行业适合用科技互联网的方式来重新做一遍，这是目前遇到的一个大的挑战。

第二，数字经济背景下的开放是一次全方位的开放，不仅包括制造业，也包括服务业，在进一步扩大开放的过程中，我国面临的重大挑战之一，就是如何在国际竞争中不断提升服务业的国际竞争力。中国当前服务业内部各行业中，与商品直接相关的服务出口和建筑业出口所占比重最大，有明显的比较优势，知识创造型和知识密集型服务业的竞争优势并不明显，还需要进

一步提高。这意味着，我国的服务业发展虽然出现了有利于提升学习与创新效应的力量，但强化服务业的学习与创新效应的任务仍然艰巨。与第四次工业革命相关的服务业，其学习效应强，要通过加强制造业与服务业的融合发展来增强其学习与创新效应。教育、研发等行业是知识创造性行业，要特别重视增加教育投资和研发投资的激励，在研发投资中，要特别重视基础研究，因为基础研究是对学习方法的学习，对其他类型的学习具有杠杆效应。

第三，发达国家制造业地位的下降，会使全球数字经济的发展竞争更加激烈。自 20 世纪 90 年代以来，随着经济全球化的不断深入、全球产业分工的转移以及发展中国家工业化进程的加快，发达国家制造业的竞争力受到挑战，其工业品在全球出口额中的比重日趋下降，导致其创新能力和经济的总体发展能力下降。2008 年国际金融危机爆发后，西方发达国家提出重振制造业，其用意在于通过重塑国家竞争优势，寻找新的经济增长点，振兴经济，但实际效果并不明显，其国际市场占有率近年来虽有趋稳迹象，但仍未显示出强劲反弹势头。为了振兴经济，一些发达国家不仅通过国内经济政策吸引更多的资本回流，而且还寻求通过国际竞争规则的重构来提升本国制造业的竞争优势，这会对中国与发达国家开展数字经济合作造成挑战。

2. 在国际竞争与合作中不断提升数字经济发展水平

通过扩大开放促进数字经济的发展，我国已经有了一定的现实基础。我国的传统产业基础较好，随着数字经济的发展，产业升级趋势明显。中国数字经济的全球化、创新能力、网络化、数字化、智能化、绿色化等维度的发展水平，虽然在一些关键领域、关键环节上与发达国家仍有差距，但已经有了一定基础，总体上位居第二方阵。近些年来，我国在数字技术领域相继取得一批重大科技成果，达到了国际先进水平，在国际科技前沿已占有一定地位。

上述优势为我国在数字经济领域实现双向开放提供了基础。第四次工业革命将重塑全球产业分工格局，全球产业分工将从产业链式分工逐步转向网络式分工，过去那种发达国家与发展中国家的脑体分工将会被逐步打破，发展中国家依靠低劳动力成本进行国际竞争的优势将会大大弱化，发达国家在全球创新中的领导力、引领力将会被削减。中国在扩大开放的过程中应充分利用这一变化，遵循这一规律，坚持双向开放战略，同时利用好发达国家和发展中国家的知识资源，提升学习的比较优势，一方面加强与发达国家的合作，共同推动数字经济领域的创新发展；另一方面也要加强与发展中国家的合作，中国的数字经济发展在发展中国家处于领先地位，可通过与广大发展中国家建立伙伴关系的方式，使创新发展的成果惠及广大发展中国家，并提升其参与发展数字经济的积极性。

二、"新冠肺炎"疫情对中国民营企业"出海"的挑战与应对

这次新冠病毒感染是在"百年未有的大变局下"首次发生的全球规模的事件。它的一个重要长远影响在于全球化即经济全球化的进程，包括是否发生"拐点"这样的问题。同时还会改变未来世界的经济和财富分布格局。

（一）疫情进一步冲击现有的地缘政治及投资各种体制、机制

疫情有可能严重扰乱一些西方国家的集体思维，让恐惧和愤怒代替理性，对病毒的恐惧难免会与之前的反全球化逆流形成共振，造成意识形态上的一些自我欺骗，各种极端主张将会甚嚣尘上。对于中国来说，除了这些外部经济政策不确定性的风险，它们进一步转化成地缘政治挑战的可能性同样不能排除。可以预见的是，即使疫情消失，各国也会在对人员流动和贸易投资等施加更为严格的管制。在这种情况下，"新冠肺炎"疫情可能会成为继全球金融危机、贸易保护主义、地缘政治冲突之后对全球化的又一次冲击，全球化退潮的速度会进一步加快。

（二）"新冠肺炎"疫情将进一步加速全球产业链、供应链重塑

随着疫情的全球扩展，供应链的问题也越发复杂。从产业划分来看，消费品领域已经全面可以观察到成品库存缓冲区减少、下单到交货之间的期间推迟、订单交货延迟、供应商按配给供货、生产线停摆、为客户配给产量、收入损失等现象。在高科技与消费电子产品、汽车、工业、重型机械、半导体和医疗设备等领域上述现象也已大面积出现。由于供应链的性质不同，高科技和生命科学等更专业的行业面临更大风险。

1. 中国是世界市场产业链中的重要一环

中国基本上是从韩国、日本进口核心部件，从欧盟进口原材料，然后加工和装配，再出口到欧美。疫情期间我们停工停产，最先会影响日韩，无法再进口核心零部件，如 iPad 和 iPhone 的核心零部件就停止进口，然后会波及欧美下游消费市场，欧美市场在疫情初期感受还不明显，后期物价就会上

升。疫情对产业链第二阶段的影响表现在国外越来越严重，导致原材料、中间品和最终消费端都出问题，整个产业链断掉并进一步放大影响。

2. 中国在全球产业链中的重要地位不会因为疫情影响而改变

受中美贸易战及疫情的影响，中国在全球供应链、产业链的重要地位会因此改变吗？答案是否定的。笔者认为，大量供应链将从中国撤到越南等国家是一种谬论，部分原因是未能认识到越南（或者南亚、东南亚任何其他发展中经济体）与中国之间规模的巨大差异，这阻碍了这些国家的吸收能力。目前的疫情也暴露了越南和泰国的许多制造业依赖中国供应源的事实，这也是未来跨国企业在全球布局必须考虑的复杂性。

开发新供应链可能需要很长时间，迁往新地点可能需要更多的劳动力基础设施，而中国已经大规模支持了这一点。今天很难在他地复制中国制造业所做的一切。将业务转移到其他地方的成本也将成倍增加，这既包括用于转移或购买新制造设备的资本成本，也包括较高的人工成本，况且许多替代供应商在这一点上承担新制造业务的能力可能有限。

应对新冠病毒并没有理由使供应链大规模撤离中国，因为这将涉及知识、资本、基础设施和劳动力的转移。即使是在中国的供应商，也可以依赖在亚洲多个国家（或地区）运营的许多次级供应商。将运营转移到另一个地方必须建立新的供应商关系，必须开发新的物流和运输线，以及必须遵守新的法规，这将增加更多的复杂性和挑战。中国企业在疫情中尽力履约保障国际供应链安全，展现了中国整体生产活动的韧性，增强了国际社会对中国经济保持长期发展的信心。不应夸大疫情对于中国角色的影响，但作为"世界工厂"，中国应继续营造更公平开放的市场环境，加快向产业链、价值链上游延伸，早日完成在全球产业链中的转型。而实际上，即使部分跨国公司重新布局，对于中国而言也并非都是负面影响，中国企业可在跨国企业加快全球分散布局的过程中，通过担当配套企业，积极布局海外。

（三）全球产业链短期内不会，也无法和中国脱钩

1. 各国的产业链已嵌入全球的产业链中

20世纪90年代以来，世界经济发展的一个重要特征就是全球化加速发展。世界各国立足于全球化并从中获益，每个国家的产业链都无法独善其身，必须嵌入全球的产业链中。但这次疫情之后，各国的不信任度将增加。疫情不只改变着微观企业的命运，也在重构全球经济政治的秩序。疫后各国

着手构建更独立、完整、安全的产业链会是一个趋势，或许逆全球化的趋势不可避免，并终会成为定局。不过，在短期内各个国家很难构造出独立的产业链和工业体系，全球产业链也难以在短期内发生逆转性的变化，全球产业链短期内不会，也无法和中国脱钩。

随着互联网的发展及其在经济生活中的广泛引用，数字经济逐渐在欧美等西方发达国家兴起，成为了推动经济转型升级的重要动力。尤其是 2008 年金融危机以后，主要的经济大国都开始反思制造业政策，重视制造业、实现制造业数字化转型成为了大国争夺全球新的经济战略高点的关键。中国经济和世界经济相互交叉，"你中有我、我中有你"，全球供应链和产业链和中国脱钩的话，给双方都会带来巨大的伤害。在短期内，全球产业链很难找到替代中国的经济体或者解决办法，全球产业链无法、不会与中国脱钩。

2. 产业链碎片化

在人力成本上升的时候，想要控制成本，就要专业化大规模生产。不同的工厂专注于原制造中的某些生产环节，形成相互错位竞争，这样就把产业链进一步细分。以汽车产业链为例：原先的"零件厂—组装厂"的生产模式，被细化为"元件（材料）—器件（零件）—组件（零部件）—模组（零部件总成）—整机组装（整车）"极其复杂的供应链体系。这个"产业链碎片化"的趋势一旦开始，只要单位产品生产成本的下降超过供应链的各环节的交易成本，就不会停止。

专业化生产的另一个问题是受下游技术路线的影响太大，所以，厂家力争让自己的产品通用化，进入多个产品供应链，以保障自己的安全，这就形成了多个产业链"你中有我，我中有你"的复杂纠缠状态。产业链的精细化程度和复杂的相互依赖关系，导致单一企业的搬迁会遇到供应链的困难，而大家一起搬迁又缺乏协同效应，使产业的迁移变得更加困难。

产业链的碎片化也造成了脆弱性，细分环节的寡头效应明显，供应商数量大大减少，一旦出现意外，就会造成整条产业链的停摆。整个国家的"黑天鹅"也许很罕见，但某一个产业的"黑天鹅"可能会越来越多。产业链之间的交叉，A 产业链的某些中间环节出现问题，发生连锁反应，祸及 B 产业链的现象，将会很常见。产业链布局过于集中又有很大的安全隐患。

3. 疫情和贸易冲突会加速中国民营企业更加主动地融入价值链

近年来国内学者在谈到中国企业"走出去"时，一个流行的观点是要通过"走出去"主动"打造自身的全球价值链"，改变被动"嵌入"的格局。

从现实来看，虽然目前中国对外直接投资流量、存量都位居前三，但企业海外投资仍是点状形态，远未成链。目前我国仍然处于全球产业链的中、低端阶段，主动融入跨国公司的全球价值链仍是中国企业海外投资的现实选择，在这个过程中企业如果能向价值链上方移动，顺应国内更多的劳动密集型生产转移到东南亚的趋势或许将是双赢。从长远来看，疫情和贸易冲突可能会加速中国经济向更可持续的过程转变，虽然这个过程必然伴随着痛苦。

（四）谨防有人推动全球供应链脱轨

几十年来，在全球化和随之形成的全球供应链中，历史原因以及自然禀赋、经济体量、人口规模的不同使各经济体境遇大相径庭。一些国家凭借自然资源、核心科技、体系垄断、市场规模等优势，变成全球供应链等各类网络中至关重要的"节点"。

托马斯·弗利德曼把经济全球化描述为"围绕各种网络建立的体系"。全球供应链近年来受到至少两件事冲击：一是美国推行对中国的科技"脱钩"；二是当前这场新冠疫情造成全球供应链暂时脱节，世界经济下行压力增大，资本市场剧烈动荡。

从当前的现实情况看，相关国家就新冠疫情采取的短中期防控措施，确实部分限制了生产要素，包括产品和人员的流动，这凸显出在"灰犀牛""黑天鹅"来袭时，全球供应链及其一些重要"节点"的脆弱性。目前国际舆论讨论的热点之一，就是中国在全球供应链中的重要位置，即所谓"中国因素"的供应链风险。虽然各方对全球供应链暂时遭受冲击已有一定的思想准备和承受能力，但对更长时期内能否经受考验是值得注意的。

自美国执意对中国输美产品加征关税、推行对华科技"脱钩"以来，一些与中美经济关系密切的国家就已开始担忧全球供应链将会受到冲击。新冠疫情这个"灰犀牛"来袭进一步暴露出，全球化框架中有利于产品和服务全球供应的"相互依赖"，在危机来临时很可能变为参与方的"锁链"，它们会因对"节点"的长期依赖而不知所措，导致企业无法正常运转。加上资本市场的动荡，相关经济体的经济金融风险陡然上升。

"新冠肺炎"在全球爆发，使得我国产业链遭受到两边的打击：一方面是出口遭受打击；另一方面是进口受到打击，特别是高附加值的产品，如通信行业里面的柔性屏材料，供应基地主要在日韩，必然对我们采购供应的产业链产生影响。中国作为全球制造业龙头需要研究考虑的问题。

　　这实际已脱离通常意义的经济全球化范畴，在全球供应链中掺杂了霸权国家对新兴大国进行打压、遏制的地缘政治考量。虽然美国寻求对华"脱钩"在真正全球化的框架内难以完全实现，但若任其以地缘政治来"毒害"全球化和全球供应链，全球化就会被扭曲，全球供应链也会脱离正常轨道。

　　当前的全球供应链依然是围绕发达经济体展开的分工体系，而中国在全球供应链中的独特地位是其他新兴经济体无法替代的，因此，只要全球供应链没有出现系统性的危机，就没理由认为这种供给冲击会带来持续的影响。

（五）疫情挑战下的应对措施

1. 应对挑战的措施，都指向了产业互联网[①]

　　疫情使我们看到了新经济的强大生命力。所有的变化无不在向外界传递着一个明确的信号：数字化、科技化的产业互联网时代正在加速来临。

　　民营企业如何作为，只要能够明白资本逐利部分，在任何情况之下，最根本的，我们还是要以市场的逻辑来谈企业。市场的逻辑是否能够直面市场，针对消费者的需求，开发、创造出更满足市场需求的、比竞争对手更好的产品，这是我们真正要从制造业角度做的事情。当前局部的逆风，只要对任何企业是同样的局部逆风，就不是问题；从大的战略层面，只要我们妥善应对就不是问题。

2. 通过智能化模式创新实现行业发展路径蜕变

　　如果企业做了某个错误商业决策，而不去改变，不去超越自己原有的观念，不能颠覆自己的商业模式，以致看不清大的市场趋势而犯下方向性错误，这样的失败是致命的。"选择或找准方向比努力更重要"就是这个意思。当然，具体的调整可能要根据企业的实际情况去制定，但从大的层面上来看，顺应产业互联网的趋势，拥抱产业互联网的机遇，通过人工智能技术改造生产线，加快人工智能在产业链上下游的应用，实现企业内部和企业之间的智能化运作，提高竞争力才是企业发展的王道。企业家还要利用这个非常时间窗口，思考平时尚未深度思考的诸如线上业务，特别是如何迎接 5G 全面商用时代人工智能＋大数据＋ 5G ＋区块链等给行业带来的深刻变革等

---

　　① 所谓"产业互联网"其实是与"消费互联网"相对应的概念，它指的是应用互联网技术进行连接、重构传统行业。消费互联网面向的是个人消费者，其目标是满足个人消费体验，帮助既有产品更好地服务销售和流通，而产业互联网主要面向企业提供生产型服务。

重大问题。我们相信，经此疫情危机，一定是企业加速淘汰和加速升级的过程，那些能升级自己、提升免疫力的企业，将会化危为机，在危机中彻底地自我变革。

3. 更加坚定地巩固、支持和发展制造业

疫情后中国要建立起独立完备的工业体系，除了要重视传统制造业，还必须要掌握核心技术，没有核心技术，就不得不受制于国外的产业链。同时，制造业是国民经济的基础，如果没有基础的传统制造业产业，很多所谓的高端产业根本发展不起来。

我国民营企业中，有不少发展潜力大、创新能力强、市场前景广的高科技企业，在疫情中表现出很强的"免疫力"。随着"新冠肺炎"疫情对全球经济的影响升级，中小企业可能遭受新的冲击。促进民营企业健康发展，仍需多方协作，努力战胜疫情带来的挑战，推动民营企业抢抓机遇，顺势而为、借势而上、突破重围、行稳致远。

4. 政策支持

对外投资企业出现困难，政府伸出援手是必要的，笔者认为政府可以考虑将投资活动放到中国境外经贸合作区进行。目前纳入国家统计范围的境外园区建有近 200 家，分布在 50 个东道国。境外经贸合作区已经成为企业"集体出海、抱团取暖"，有效规避风险的投资平台，各种投资便利、投资优惠无须多言，需要强调的是，在一些突发事件面前，境外经贸合作区可以为海外企业在第一时间建立防火墙，随着全球疫情的发展，这一点将更加凸显。这也说明投资境外园区的企业还要继续做，海外园区对入园企业的吸引力将越来越大，这次疫情的影响也会让政府尽快再次出台境外园区的鼓励政策，笔者认为真金白银的支持才是园区企业盼望的。在"无民不富、无民不稳、无民不活、无民不强"的总基调下，进一步加大落实中央政策，增强企业家信心，促进民营经济和对外投资企业健康发展。

（六）中国及世界经济将深刻调整与转型

此次疫情一定会深度改变中国乃至世界的许多治理方式，"信心、品牌力、数字化"三个词概括了疫情后中国企业的绝境逢生之路。一直以危机驱动成长的华为技术有限公司，以不断变革自我获得发展，是全球领域内当之无愧的领导者，为我们就危机处理做出了榜样。从客观的角度来说，危机使得市场格局重新被界定。企业的管理者只有真正理解危机带来的冲击，直面

危机并做出彻底的改变。

　　另一个挑战是中国的国力能让一部分中国民营企业有了走向全球化的机会，但许多企业还不具备这样的能力，如何捕捉到这样的"机会"、如何打造这样的能力，才是民营企业家最需要的。无论从产品力、品牌力、渠道力，还是供应链能力和内部组织人才能力，只有扎扎实实去做，才能真正走向全球化。

　　应对"新冠肺炎"这样的非传统安全挑战，需要世界各国齐心协力，这是对全球及各国治理体系和能力的重大考验。但同时，围绕全球供应链以及中国在其中作用的讨论不会停止。我们当拭目以待，同时也需未雨绸缪，对供应链重组的可能性及其方案做出深入思考。笔者确信：中国民营企业在全球的投资布局应当更为审慎；但在超级冲击之后，却给了睿智、勇于进取的民营企业家们全面布局的一个战略时点。

　　为了有效应对挑战，一方面要推动发展中国家积极参与国际经贸规则的改革进程，推动建立更具包容性、更有利于数字经济潜力发挥的贸易规则与机制；另一方面应充分发挥"一带一路"建设的重要作用，与"一带一路"相关国家积极开展数字经济发展合作，实现数字经济发展战略对接，共同培育新市场，开发新技术，推动各个国家的产业转型升级。

第二节　中国民营企业"走出去"范式变革与政策建议

　　中国政府在对外投资领域大幅简政放权，不断完善对外投资管理机制，注重扶持促进跨境投融资，进一步明确了民营企业对外直接投资的主体地位，加大扶持背景真实的投资交易的力度，尤其是符合"一带一路"倡议沿线国家的资源保障和国际合作等战略项目，加强引导、服务管理和监管审核。

一、顶层设计

（一）不忘初心，坚守开放定力

在目前局部全球化逆转情况下，中国政府和企业尤其需要保持这一清醒认识。在全球化潮流中寻求合作共赢才能走得更远。构建"人类命运共同体"的主张，清晰地体现了中国旨在"协和万邦"的国际观、"和合共生"的安全观、"义利合一"的发展观以及"和而不同"的文明观。

（二）以开放促发展，进一步融入世界经济

从中国的视角来说，绵延几千年的文明历程，改革开放以来的发展实践，再加上中国经济、资源和能源对世界的高度依赖，尤其是美国和西方依然具有国际权力制衡结构中的优势，会使得中国始终坚持"和平发展"的战略选择，继续成为国际秩序的有效合作者和建设者，符合中国的根本利益。

中国的经济变革与其后发优势使中国可以从其他国家的发展经验和国际一流企业的经验中受益。未来的发展取决于独特的创新，而不像变革的初始阶段那样不断模仿。越来越重视公司的组织运作模式、价值观念、品牌声誉、社会信誉和企业文化等软实力方面的考核。我国企业不仅应该"走出去"让自身受益，而且也应该使世界受益。中国进一步开放有五大任务：①进一步降低关税、增加进口，不追求国际贸易的顺差，而是追求出口和进口平衡；②进一步在金融、工业、服务业、服务贸易、教育、卫生等领域实行更广更大的开放；③进一步地在国际化、法治化、公开化上优化营商环境；④进一步完善国家自贸试验区的建设；⑤进一步融入世界和对世界贸易组织多边制度的改革，积极参与、全力维护世界贸易组织的发展要求，同时，努力地参加双边和多边自由贸易协定，和世界上更多国家和地区实现零关税、零壁垒、零补贴的贸易一体化。

（三）参与"一带一路"倡议的民营企业需要找准自身定位

习近平总书记在第二次"一带一路"论坛上专门提到，要争取一系列重大改革举措，加强制度性、结构性的一些安排，促进更高水平对外开放。制度性的安排，重点还是在讲对外开放，要进一步地对标国际规则，主动对外开放，用更开放的市场和更规范的规则来保证我们新型对外开放体系能够灵活运转，并且在国际上能够对接。一些新的参与国家，如印度尼西亚和一些非洲国家以及经济非常有希望的南亚自由贸易区国家，它们如果能够参与到世界经济当中，就不仅是在南亚地区有经济增速，对于整个世界的 GDP 增速都会有所贡献。

"一带一路"沿线国家绿地投资前景广阔，大部分国家的私有化计划蕴藏大量投资机遇，对外承包工程有望发展更多配套的投融资建设模式。一方面，参与倡议的众多国家政府将经济发展规划与"一带一路"倡议对接，吸引中国资本以促进经济增长和产业升级，各领域的战略合作协议为中国民营企业赴东道国进行绿地投资带来政策优势；此外，东道国国内相关领域和市场往往处于待开发阶段，先入优势可让中国企业获得更多竞争力，同时，沿线国家腹地广阔，有利于提升在区域市场的影响力。在中美贸易仍存不确定性、欧美国家投资审查趋严的现状下，对"一带一路"沿线国家的绿地投资可成为中国民营企业新的选择。另一方面，沿线国家普遍为正在改革中的新兴市场国家，几乎都在推动部分领域的私有化改革，对沿线国家资产的并购和重组交易有望成为中国企业更多的投资选择。最后，沿线国家已成为中国对外承包工程的主要区域，其巨大的基础设施新增与改善需求，将带动相关产品贸易和投资活动的发展。而受制于自身经济和财政实力的相对薄弱，东道国政府往往较难在基础设施建设项目有一次性大额支出。众多国家已在基建项目招标中广泛使用公私合作等工程项目投融资模式，有利于提高项目建设的利润并降低风险，进而有助于推动中国对外承包工程活动的进一步发展。

（四）"一带一路"全球化（发掘新的人口红利和经济红利）

开展国际产能合作还需要国家加强顶层设计，提供更多的政策支持。明确对外投资方向，梳理重点区域、国别、产业。核心要素是寻找新的人口红利和经济红利市场，同时将中国互联网的先进技术、先进理念和服务赋能全球客户，找到国外的蓝海市场。

目标选择：跟随国家政策，拓展海外热点区域。根据国家统计局的统计，中国"一带一路"倡议主要的投资目的地在东南亚和欧洲地区。所以，建议互联网企业也以东南亚和欧洲作为主要目的国。

政策合规：注重各国政策，把控合规风险。在出海当中，我们要注意不同国家的财务、税务、法律和数据安全的合规性。这些硬性指标是我们在出海拓展时首要考虑的因素。

国情国别：民营企业出海多以提供服务为主，在为当地国用户提供服务过程当中，务必要考虑不同国家的文化、语言、风俗和生活习惯。

成功落地：民营企业出海讲求效率，得考虑快速业务落地，成功交付，再逐步根据适应情况优化迭代。

运营能力：外海运营当中，如果做到业务运营的本地化，同时要兼顾效率，人力、财力、物力的高效率流转。

推进符合中国现实经济状态的理性对外直接投资，在全球进行配置资源，在全球产业链和价值链上继续攀升，从而促进中国产业结构的调整。找准定位、整体谋划，经营好"一带一路"，需要我们做三件事：建议成立"一带一路"法院，构建中国庞大的国际律师团队。"一带一路"难免会遇到法律问题，要做好法律服务，为中国的企业服务。民营企业"走出去"还可在更广阔的国际市场上学习和借鉴国际市场的宝贵经验和创新技术，开拓新的发展空间。

（五）提升中国企业国际化的发展能力

1.要具备五方面的能力

中国企业"走出去"要具备国际化的战略规划、风险管理、人力资源、品牌和企业社会责任五方面的能力，完全不同于国内企业的经营，中国企业未来在国际化发展的道路上走远、走长、走好，必须要具备以上能力。所以应加强总体战略和产业链整体布局引导。很多全球性挑战单靠一个国家的力量很难独善其身，也没办法解决这些世界性的、全球性的问题。"一带一路"建设就是一个很重要的抓手、一个载体和一个很重要的实践平台。

2.采用循序渐进策略，抓好重大项目建设

在战略选择方面，中国企业应该采用循序渐进的海外直接投资策略。先以国内市场为基础，确定切合实际的发展目标，然后逐渐过渡到国际市场，再根据行业发展的特点，结合总体发展目标和比较优势，采用"先易后难、逐步升级"的方式进行境外投资。同时还要准备与更多的国家，特别是发达国家，包括一些国际组织，共同开展第三方市场的合作，争取实现"1+1+1>3"的效果。

3.进一步加大国家的支持力度

从上文对中国民营企业的特点和对外投资优势的描述中可以看出，民营企业在对外投资初期常常会出现盲目投资的情况，这就需要政府的鼓励和正确引导。在当前的情势下，更需要政府持续提高减税降费政策实施的精准性、实效性和针对性，有效地推进问题清单和整改台账工作，让企业切实享受到减税降费带来的好处。

减少对民营企业海外投资的过多干预，减少在行政管理上的低效率。提高政府对外投资服务意识，通过向发达国家学习，为发展不成熟的中小民营企业建立服务机构。形成一套完善的投资服务体系，积极协助民营企业解决投资初期和过程中经常遇到和容易忽视的问题。

（六）以市场主导为本，做好国际市场调研与环境分析工作

中国政府提倡的"一带一路"倡议涉及西亚、中亚、东南亚等世界各大国"博弈"的交汇地带，由于地政和能源等因素，这些地区的政治形势更加复杂，因此不能忽视其带来的风险。中国在规避风险的同时应发展对外投资来推动新的全球经贸投资秩序的建立。

从诸多企业发展过程中的教训总结得出：一是找一个专业咨询机构对目标市场营商环境进行专业分析；二是广泛咨询各级政府、不同机构，了解目标市场各层面的意图和政策；三是对整个项目进行可行性分析，评估风险；四是调查合作伙伴；五是到中国驻东道国经济商务参赞处了解当地投资面临的风险，甚至了解当地国家发展的更多机遇和政策；六是建立专职的风险管理和应对团队。

二、政府全方位地促进企业对外直接投资

（一）倡导以各种方式对外直接投资

1. 对外直接投资主体的多元化

在改革开放初期，我国进行对外直接投资的企业大多数是小型贸易公司或者是窗口型公司，目前在境外设立的企业已经逐步发展到大型加工生产型企业及其他各类实体企业，涉及的行业越来越多、领域越来越广泛，从最初的国有制发展到现在的多种所有制形式并存。随着对民营经济出口权审批的进一步减少和审批流程的简化，极大地提高了民营企业对外直接投资的积极性。中国政府需要进一步促进对外直接投资主体的发展，增强其国际竞争力，加快对跨国民营企业的培养。

2. 对外直接投资方式的多样化

中国对外发展的早期商业模式是简单地分包、派遣少量劳务、建立营销渠道。目前对外直接投资方式已有海外工厂建设、海外加工和组装、海外资源开发、外资合作和建立、海外研发基地的建立、国际营销网络的建立、海

外咨询服务的提供、国外农业合作的发展以及跨国并购等多种模式。今后要不断通过兼并、收购、联合投资等方式促进我国民营企业的海外直接投资，使我国民营企业具有相对竞争力，促进产品和服务的出口，并建立强大的民营跨国企业和知名品牌。

3. 提供贸易投资便利化优质服务

投资便利化和公共产品服务来支持企业拓展市场，加大企业对外直接投资的力度。我国驻外商务参赞需要积极为跨境电商龙头企业及其海外机构服务，从而实现"两个市场、两种资源"为攻克"新冠肺炎"疫情和贸易投资便利化优质服务。

4. 提高产业集群与科技创新能力

为创新对外投资方式，推动企业境外聚集发展，商务部、国家开发银行相继出台了一系列支持境外经济合作区发展的措施，促进国内企业"走出去"的集群化。"走出去"企业的战略正在升级为企业在海外投资建立工厂，并逐渐发展成为整个集团范围内的工业园区战略。有效整合中国境内企业在"一带一路"与国际产能合作资源，形成整体优势，组织金融业、制造业、承包施工企业、服务业等企业，形成"走出去"联合体，优化资源配置，形成资源共享。

（二）完善我国海外投资的法律体系、维护多边体制

中国目前对海外投资，对外承包工程和对外劳工合作的管理主要是根据有关主管部门制定的政策，还没有上升到国家法律的高度，缺乏连续性和稳定性。这种无法可依的状况需要尽快改变，使企业的境外投资与政府管理建立在法律的基础之上。海外投资政策透明度的提高将有效地激发中国企业对海外投资的热情，并且可以起到维护企业权益的重要作用。因此，我国应当尽快制定《海外投资法》，明确激励措施，完善保护机制。

我国企业在信息公开方面应该尽量开放化和透明化。不仅要加强与东道国政府机构、新闻媒体、人民群众和非政府组织之间的沟通，更要积极地参与当地公益事业，注重带动当地就业和发展，保护生态环境，履行社会责任，强化全球责任。中国毫不动摇地推动经济全球化、区域一体化，维护世界贸易组织的权威性、正当性，合理地利用外部市场是中国经济未来开放发展的必由之路。

（三）遵循产业演变规律，创新组织方式，激发组织活力

1. 遵循产业演变规律

遵循产业演变规律，搞好企业经营，培育企业战略；同时也要摸准市场脉搏立志将企业培养为产业中的"隐性冠军"，关键还是要敢于把资金用于原创创新上的冒险，因为从投入成本、成长周期和失败风险等关键维度都要有高度的耐心，也需要企业有足够的决心、开阔的视野和注重长期发展的战略部署。

2. 创新组织方式，激发组织活力

在工业时代，标准化和效率至上是企业实现巨大市场规模和丰厚利润的核心原则，企业竞争优势根植于高效的执行，管理层的主要作用是监督和推动生产计划的执行。如今，企业这一核心原则变了，变为客户需求的个性化、多样化、多变化，让效率对于企业的重要性逐步让渡于创新。能够让企业长期活下去的是不断创造新的产品、发掘新的市场、建立新的商业模式和与时俱进的组织创新。符合时代发展特点的组织创新，带给企业的竞争优势比前三者更加深远。组织创新可谓是中国民营企业再次发展的原动力。

在这个全行业向破坏成本、破坏价格迈进的时代，再高的执行效率也无法阻止被跨界颠覆。唯有主动出击，通过组织创新，让公司上下保持紧张感、灵敏感、危机感，架设集成一体的"雷达系统"，让组织既获得市场信息，又掌握客户需求，才是防止被颠覆的唯一方式。

（四）对外直接投资的企业应加强学习能力，提高竞争力和发展力

政府应该向成熟的跨国企业学习，努力提高自身竞争力和发展力。首先，政府应通过深化改革，帮助企业尽快完成"强化"进程，加快现代企业制度的转变。其次，为并购创造国际竞争环境和条件，消除区域、行业和所有权等方面的壁垒，建立具有特色的、有竞争优势的跨国企业。最后，着力培育企业发展的核心竞争力。中国的企业要想在国际市场竞争中获得有利地位，就必须努力创造竞争优势：一是成本优势。成本优势主要体现在投入，如劳动力方面的成本较低或者具有规模效应，在与外国公司进行价格竞争时能够处于有利地位；二是技术优势。先进技术是支持企业核心竞争力的关键中的关键。

（五）进一步加强和完善对外直接投资服务体系

1. 探索经济共同体

夯实东亚、南亚经济体两大基石，引导中印加强医药、化工、软件等领域的合作，顺应中日关系回暖契机，研究中日韩自贸区谈判突破口，促进区域全面经济伙伴关系早日签署。整合澜湄合作、湄公—日本合作、湄公—韩国合作三个次区域合作机制，加强东盟—中国、东盟—日本、东盟—韩国三个中心的合作，引导有利于中方的演进方案。拓展企业综合服务，支持中资企业有序合规地扩大对拉美、非洲的投资，促进在制造、服务、基础设施、能源等领域的务实合作。

2. 引导产业链、供应链布局

有序引导企业向东南亚、南美洲、非洲等多元化市场转移产业链，开拓多元化市场。如在市场调研、外汇、资金、风险防范等方面支持企业在"一带一路"区域布局产业链，开拓多元化市场。对接中日韩在东亚区域推行的"一带一路"倡议、新南方政策和自由开放印太战略，引导在东盟开展第三方合作。研究扩大中日韩产业合作策略，鼓励在东盟开展"公共—私营—个人—合营"4P项目合作，促进中小企业、农业生产力、农村社区和乡村旅游等领域的发展。[①]

3. 进一步优化营商环境

对外投资政策避免"一刀切"，分国别、分行业鼓励企业自担风险开拓国际市场。扩大国内市场，吸引外资回流。鼓励中信保增加收汇风险保险、进出口银行扩大对中小企业支持等。取消差额出口退税，减免国内不生产的部分原料的进口关税，简化研发补贴手续，降低不合理税费，增强企业应对风险的能力。

（六）以有力的政策保障和支持对外直接投资

1. 为关键行业的海外投资提供支持

主要基于经济重组的必要性，这种重组有助于发展核心产业扩大出口。为此目的企业需建立海外研发机构，不落后于世界高科技发展的最新动向，吸收先进的技术和科学成果。大力发展纺织品、服装、汽车和家庭用品行

---

① 杨挺，郭思文，李明彦.2018年中国企业对外直接投资的新挑战和建议［N］.中国贸易报，2019-02-21.

业，发展海外加工贸易，通过对器材的投资促进原料和设备的出口。不断优化在化工、电力、制造、能源等产业领域投资，继续加大并购的力度，使对外直接投资进一步加强实体经济和新兴产业的发展。

2. 深化和加强对中国企业的海外金融支持

第一，采取进一步措施，扩大人民币结算覆盖，推广双边易货基金，降低企业结汇难度和风险，研究降低产能合作项目成本，包括设备转移流转税减免、返还等。第二，进一步深化对中国企业的海外金融支持，创新金融服务产品，增加金融服务覆盖、拓宽融资渠道、放宽融资条件、扩大保险覆盖。第三，建立"一带一路"海外支持平台，对重点企业加大支持力度，如政策性融资支持平台、融资租赁平台、海外制造业协同工业园区、认证监测平台等。

（七）强化全球责任，创新产业布局

2014 年 9 月，商务部颁布了中国第一个关于企业在对外投资过程中对履行社会责任方面的规定——《境外投资管理办法》，这对中国对外投资企业肩负社会责任、全球责任和树立国际形象、打造国际品牌等具有重要意义。主动督促跨国民企通过开展慈善活动、支持当地教育事业、提供就业岗位等方式树立良好的企业社会责任形象。主动了解当地用户诉求，与当地媒体合作，让产品伴随企业文化、中国文化一同融入当地民众生活。

中国企业在对外直接投资过程中一定要注重履行社会责任，将肩负社会责任的理念融合在公司管理和经营活动之中，把社会责任的履行作为其发展战略中的重要一环，公平对待各利益相关方，借以提升其经济与社会效益，推动和谐共赢的发展。

要想在国际市场上取得成功，首先必须将传统的生产观念和目前普遍存在的销售观念替换为国际市场的营销观念。其次在选择市场目标时，根据不同行业和不同的产品，在不同的区域选择不同的发展模式。一定要对当地的市场需求和自身的竞争优势有比较清楚的理解后再精准定位。

（八）发挥、利用好境外各类协会、商会组织的作用

遍布全球的中国网络为中国企业提供了难得的海外投资机会。华人已遍布全球 170 多个国家和地区，形成了中国商务网络。这使中国企业可以从许多国家和地区获得同行的帮助，轻松获得相关信息并快速进入本地市场。由

于具有相同的文化背景和习俗，在国外的中国人是中国在境外企业的主要目标消费群体。所以，应该充分发挥协会、商会对市场敏锐、机制灵活的特点，尊重市场规律。同时，有必要了解海外投资环境和可能面临的各类市场风险，以及可能受到的政治动荡、政策法规、文化差异、语言交流等方面的非市场风险，还有投资国知识产权、核心技术相关的法律和经济安全风险，以及劳工、环保、社区关系等方面存在的隐性风险等。这些组织和企业在增进交流、促进合作、协调关系、咨询服务、维权自律等方面为服务企业起到特殊支撑作用。

三、加强和构建海外投资主体

中国政府应该尽快优化整合现有的关于对外直接投资的法规，并建立出一套健全的能促进企业进行海外投资并保护企业海外投资利益的法律体系，以明确企业责任及其投资主体地位，规范企业投资与政府行为之间的关系。因此，加强和构建海外投资的主体是解决这一课题的首要任务。

（一）进一步加强有比较或竞争优势产业进行对外投资

2019 年 11 月 12 日，前中国人民银行行长周小川在 2020 财经年会上表示，十年前中国的储蓄率为 50%，时至今日，我国的储蓄率虽有下降，但仍有 45% 水平。国家与国家之间的要素禀赋不同，存在着互补性，中国民营企业利用好这些互补性要素，在对外直接投资时可以形成自己的比较优势，进而获得对外直接投资的比较利益。同时，要充分发挥自身的竞争优势，选择具有竞争优势的项目对外投资，提高投资回报率，把相对过剩的国内储蓄转化为有效的国外投资。同时，企业因国内经济不景气而致力于寻求海外投资发展机会，这不仅促进了对外直接投资的增长，也促使我国对外投资的热情持续攀升。

在移动互联网发展的当下，诸多技术创新已经超越欧美等发达国家，新兴高科技产业迅速崛起，中国优势产业输出是大势所趋。

当前中国制造业仍处于国际分工中低端环节，此次疫情或将倒逼相关产业升级。例如，目前日本、韩国疫情日益严重，持续下去会对全球半导体芯片产业、集成电路产业、显示材料产业等造成严重影响。专家认为，相关企业做好原材料储备的同时，也应鼓励企业和研究机构加大研发力度、人才引进和市场开拓，把握机遇承接高端制造业国际转移。

（二）从产权约束的角度选择对外直接投资的主体

从产权制约的角度来看，选择外商直接投资的主体应集中在市场竞争力强、成功构筑现代企业系统的国有中小企业和民营企业。具体应从以下两个方面考量：

1. 对自然资源类企业进行境外直接投资

对自然资源的投资一般是较大规模的投资，而民营企业没有相匹配的经济实力，而且这种类型的海外企业信息不对称性较低，对企业的所有权进行约束相对容易。因此应该由大规模的国有企业进行自然资源类的海外直接投资，但是此类企业的治理结构仍然需要进一步改善，以便更好地完善现代企业体系。

2. 对高新科技和经营经验型企业对外投资

对高新科技和经营经验型企业的投资往往需要大的投资规模，且这种海外企业信息不对称性较高，企业所有权的限制一般难以实现，较适合民营企业去投资。这类投资需要一定的学习成本，民营企业大多缺乏对这方面的追求，但对发展全体国民经济和改善产业结构来说又很重要。因此，国家需引入保险补贴、减税、其他激励贷款等优惠政策。

四、坚持实施主动管理和技术创新

创新是企业发展的核心，在高科技快速发展的背景下，公司管理特别是质量管理、成本管理、不良的财务管理和混乱的业务秩序严重阻碍了国际管理流程，要彻底解决这些问题，关键在于坚持主动管理和技术创新。

（一）开创中国对外直接投资的新局面——创新发展

1. 坚持创新驱动发展

知识作为信息时代生产的第三要素，值得中国民营企业的高度重视。在产品生产上，不应一味地追求规模的扩张，还要重视生产技术的投入，使产品附加值提高。同时技术的提高应是持续性的。中国民营企业首先应该在对外投资中建立全球化视野，注意到投资周期的存在，不拘泥于一定时期的产品技术研发，而要保持技术创新的不断跟进。无疑使中国企业"走出去"及对外投资走到了由"大规模"向"高水平"转变的创新升级关口。

2. 创新也有战略性创新和战术创新。

所谓战略性创新就是有颠覆性的，战术性创新就是改善。一般能够辨别出两种增长形态：一种是自己有核心能力和技术，最典型的就是苹果和华为这样的公司。另一种是企业有自己的核心技术，跟随重大技术创新、社会变迁、政策指导，创造一个市场，创造这个市场之后把风造出来了，很多企业会很快跟上。如海尔、美的。

在增量市场中，即使没有什么创新也可以快速发展，就必须形成自己的核心竞争力，即使是相同的市场也要有相对的竞争优势，定义为不对称战略。在红海细分市场上，即使没有颠覆性创新，企业只要能够做到数一数二，要么在同一市场上，在某一方面做得比其他企业更好，这叫不对称战略。

在存量市场有颠覆和创新，叫重构战略。进行重构战略的企业认识到新技术巨大价值，国内资本不断往新技术里投，待新技术真正突破后，投资人又会等来下一个风口，这既是增长规律，也是现在经济状态。

本轮经济本质上是核心竞争力和创新驱动的问题，难过的是没有形成核心竞争力，或者没有形成创新能力的企业。有很多企业沿着原来产业优势进行延伸，这就是在红海市场中，也可以通过延伸重构来做，这就是真正所谓的产业生态。

（二）加强管理创新是企业发展的王道

提升管理效能、运营效率及市场竞争力，提供有吸引力的回报给投资者。供应链管理缺乏统筹，无法做到各个环节的智能协同和快速反应，将无法保证产品的质量，从而削弱公司的市场竞争力。因此在复杂的国际市场环境下，应重点提高民营公司的综合素质，促进民营企业改变管理理念，采用现代管理方法，使其生产、营销、财务等管理一体化、系统化，提高其整体的管理水平。

提高企业竞争实力，需要民营企业深化实施创新驱动战略，积极参与制定国际技术标准，从追赶型企业转向引领型企业和品牌型企业。尤其是面对新一轮科技革命下的世界经济发展新格局，企业应加快在未来产业发展中的技术创新与战略布局，打造国际品牌新形象。

第三节　新时代中国民营企业如何破解企业"出海"难题

民营企业在对外直接投资中应进一步加强国际经济技术合作，要善于在开放合作中提高竞争力，及时抢占商业模式重构先机，推动人工智能在网络经济和智能经济下与场景创新的高度融合，把全球化的优势赋能出去。

一、民营企业对外直接投资的定位与发展

（一）民营企业对外直接投资的定位

民营企业的发展理念必须着眼于全球市场，开拓国际市场，按照市场经济发展规律和中国企业的特点实施市场开发。在当前国际经济环境的基础上，通过市场份额的增长、向新的地理市场的扩张和创造性的服务包装，有序地或随机地发展现有业务。充分利用公司自身的国际竞争优势，积极实施公司的经营战略和方法，实现目标市场份额的占有和企业竞争力的提高。民营企业在国际市场开拓过程中必须遵循并努力做到以下两个方面：

1. 严格遵循经济规律和国际价值规律

从宏观的角度来看，国际经济的基本规律在各个国家、地区和区域的综合国力和综合经济力的形成过程中、国家竞争力的比较以及相互关系的结构变化中起着根本性的作用；从微观的角度来看，在企业和企业集团参与世界市场竞争的过程中充当催化剂，这不仅是国际经济规律使然，也是中国民营企业开拓国际市场和参与国际竞争的结果。

价格是市场的核心问题，国际价格是国际市场的中心，国际的各个要素市场、信息市场等都存在必须由国际价值规律决定的价格问题。中国民营企业进入国际市场需要根据转变自身方式去适应世界市场的基本经济规律和国际价值规律，民营企业应在全球市场上把握经济增长的契机，努力提高自己的核心竞争力。

2. 重视企业文化整合

并购的数据表明，成功并购只占并购总数的1/4，跨国并购成功比例更低。并购成功与否取决于公司整合是否成功，合并失败的一半是由于整合失

败造成的，而文化整合是所有合并和收购中最困难的。

文化整合在中国企业对外直接投资中很普遍，是在完成投资前面临的主要风险。中国企业对外投资的目的地之一是欧洲和美国的成熟企业，这些企业对自己的文化有高度的认可度，希望保持自己的文化特点。中国企业与内生增长模式不同，热衷于海外合并收购时采用股权或资产收购的方法，这些资产常常存在隐蔽的问题。在海外的合并和收购后，需要综合各种管理水平、资产状态、企业文化，这对企业的整合能力提出了挑战。然而，中国的企业经营者缺乏国际管理经验，经常在合并和收购完成后无法很好地对并购对象进行整合。中国企业在境外投资中有家长制倾向，并且看重个人忠诚度，这与大多数西方企业看重"专业"文化相对立，在短时间内很难实现完全的统一。

（二）评估企业受中国与世界之间经济变化的影响程度

从上述的分析看，由于存在如此多的不确定性和变数，企业需要从以下四个方面考虑如何调整发展战略：

1. 明确投资方向和价值链布局

企业高管可通过把中国的投资承诺等指标与其他国家进行对比，以确定企业在东道国市场的发展战略，并确定中国在企业的全球价值链上扮演何种角色。企业应当明确自身在东道国市场的期望——希望把东道国市场作为关键的增长引擎，还是只想参与小众行业？举例而言，假如东道国市场未来仍然是全球重要的增长和创新来源，那么企业不妨把优化投资纳入长期战略，甚至加大投资，并且加倍关注核心价值的创造（如大力投资于研发创新）。如果东道国市场不再是重要的增长和创新来源，企业就应该考虑把商业活动和投资转向其他地区。

例如，中国的移动互联网红利正逐步消失，互联网流量增长陷入"瓶颈"。而海外几十亿互联网用户蕴藏着巨大的市场和机会，更使越来越多的中国互联网企业开始走出去。在5G、大数据、AI和云计算等创新技术越发成熟的今天，于电商、直播、短视频等互联网平台而言，也大大加速了大家出海创新的意愿和速度。

2. 培养自身的卓越运营能力，以管理风险和不确定性

鉴于监管及经济发展的不确定性，企业需要更加灵活地应对。各国政府在跨境投资、并购以及技术和人员流动方面的作用越发凸显。企业应该重视

业务市场的当地情况，因为情况可能发生骤变，敏感性可能会升高，如在运营上犯下错误将会迅速引起利益相关者的关注，这需要企业本身具备足够的敏捷性及应对危机的公关能力，也意味着要向风险管理投入更多资源。

3. 培养并保持幸存者心态

有一些企业经历了经济衰退和危机时刻，却依然能够繁荣发展。它们往往都保持着健康的资产负债表和通畅的融资渠道，并且拥有广泛的业务领域，不至于在某一行业衰退后就一蹶不振。然而，危机和不确定性也会创造某些机会，由此产生的压力会推动企业重组，从长期来看，有助于提升经营管理，并催生一些业务开发以及外延式增长的机会，使其得以拓展业务范围或提升市场地位。无论今后如何变化，依赖东道国经济的企业都要找准自己的定位，才能在未来不确定的环境下繁荣发展。

（三）企业持续地研发投入，是技术追赶的前提

创新驱动，要害问题在于基础研发投入不足，一方面中国的研发投入已经排到世界第二位，投资量不小，但是 2 万亿元里只有 5% 约 1000 亿元投资在核心的基础高科技研发上。很显然，在这方面，中国的体制优势没有得到充分体现。

中国企业的开支从 2000 年的 90 亿美元增长到 2018 年的 2930 亿美元，位居世界第二，仅次于美国。同时，国家不断加强对科技企业的政策支持力度，不断推进民营科技企业的技术研发能力。据 2019 年全国科技创新百强企业榜单统计，科技创新百强企业中 70% 以上是民营企业，华为成为领衔企业，报告揭示了中国民营企业是技术创新最活跃的市场主体。

未来 10 年中国民营企业依然处于技术追赶时期，需要踏踏实实地向世界先进企业学习，做好长期研发投入的准备，这样才能逐步拉近与全球顶尖企业的技术差距。据日本经济新闻报道，华为手机经日本企业解剖后发现美国产的零部件占 0.9%，但却是最硬核的芯片；日本产的零部件占 53.2%，中国产的零部件只占到 4.9%。中国民营企业需要摆正心态，投入研发，技术追赶，才能笑到最后。

（四）主动提升民营企业的海外传播力

伴随着新时代全面开放新格局的形成，中国民营企业走出去战略也迈入新阶段。在此过程中，民营企业要进一步提高海外传播力，国际形象提升归

根结底在于技术原创、品牌价值等核心竞争力的提升，但我国民营企业往往规模较小、抗风险能力较弱。

海外媒体中的我国民营企业形象，体现出两个较为显著的特征：首先，企业特色与个性不够突出。很多海外媒体在描述我国民企时采用的大多是普遍共性的话语，如"这是一家新兴的、实力雄厚的企业"，难以给人留下深刻印象。其次，形象碎片化现象较为明显。鲜有民营企业在专业机构新媒体平台和自媒体平台上都具有较高认知度，对其报道的碎片化、偶发性较强，海外民众容易形成认知差异和片面判断，不利于中国民营企业海外形象的整体打造。

从海外媒体报道的体量、角度、深度等方面可以看出，中国民营企业普遍不太善于向外界宣传自己。很多跨国民企在海外的公关活动中，和当地社会各方面的沟通存在显著短板，致使一些亮点不能准确充分地传递给当地媒体与民众，甚至招致误读。而企业自身的不当行为在海外传播中却极易成为炒作焦点，这对企业的应对能力提出了挑战。

二、人才队伍建设是一个有核心竞争力企业的关键

（一）21世纪的竞争，拼的是人才

商界已经进入"拼人时代"。拼人品、拼人脉、拼团队、拼领导力、拼使命愿景、价值观、拼接班人。过去拼成本，现在要拼人的创造力。毫无疑问，金钱资本是特别重要的。2000年是一个节点，在此之前属于资本为王的时代，但在此之后逐渐变成了知识资本为王的时代。以人力为代表的知识资本，在企业发展的过程中地位在不断提高。资金资本并不是最重要的，我们必须要有对应的知识资本，要有非常出色的个人能力，才能够把现有的资金资本发挥出更大的力量。优秀的人才本身就能够吸引到资本，优秀的人才可以自己去创造资金，并且创造出更多的价值，所以人才永远都是最重要的。

一个真正的人才，不仅在于他能够发现问题并且找到解决方案，还能够坚持不懈地推动实施，同时最重要的是要能够找到同样优秀的人才一起合作。为了实现一个目标和愿景，要全力以赴朝着这个目标和愿景努力前行。

全球著名管理学家拉姆·查兰说，企业家应该努力打造人才驱动型管理

模式，人一定要走在公司战略之前。无论是华为还是阿里巴巴，在业务强劲增长、商业版图不断扩大的情况下，都能做到组织不盲不乱，既蓬勃进取、大胆创新又行之有序，这不是偶然的。这些伟大的企业家都是悟透了人性、善于鼓舞人性中的积极面、能够涤荡人性中消极面的文化引领者和组织创新者。人为先，人为重，事自然成。中国经济正在转型，数据驱动，创新驱动。在"拼人时代"，文化发展、组织发展、激励与约束的重要性将与日俱增。

（二）重视人才的培养

在世界市场已具备一定知名度的跨国企业，如阿里巴巴、福耀集团、海尔智家等，中国民营企业在参与对外投资中一般是不具备垄断优势的民营企业。无论是率先在发达国家投资的福耀集团和海尔智家还是率先在发展中国家投资的阿里巴巴集团，都需要以技术和人才来支持它们在海外的投资活动。几乎所有的民营企业，即使它们已经在技术投入和人才培养等方面付出了努力并取得一定进步，但相较世界知名跨国企业而言仍存在巨大鸿沟。在国际人才培养上，民营企业要明确人才的重要性，清晰地意识到人才能够提供智力生产要素。为企业设立人才培养方案，按部门职位分配不同员工职务，定期组织企业骨干参与海外培训和实践，真正学习到国际领先技术。利用股权激励机制等方法，使人才智力资本得到相应的回报。

从提高人才培养能力方面看，民营企业的创始人很少说资金是他最大的焦虑，大部分人认为最大的焦虑是组织和人才；也没有哪个人说业务战略是让他焦虑的，这批创始人似乎天生会做业务战略的，但组织人才战略都是极度缺乏的。业务战略是靠天生的直觉，有些人生来会做业务、做渠道、做销售，但组织人才能力必须经过大量系统的训练才可以。这也看到，当中国的民营企业做到一定规模时，就会越来越少，中国有大量小的企业，但像欧美那样大规模企业通过系统化组织人才建设是极度缺乏的，这是中国民营企业今天需要面临的特别大的问题。要打造核心竞争力，背后一定是组织能力，有没有人才，人才来了愿不愿意干活，能不能形成高效的平台。想要得到出色和优秀的人才，除了要有慧眼识人，也需要去做决定，需要去改变别人，当然在这个过程当中肯定会有很多的风险，包括对于个人，对于整个组织来说，都会有风险。

（三）搭建 TMT 团队、塑造企业人与培养企业家的精神

1. TMT 的搭建与培养是企业成败的核心

企业的问题多数是高层管理团队（TMT）的问题。中国民营企业高管团队的问题主要有三个：一是不齐心，高管团队成员对公司的使命愿景、价值观共识不够，而且互相之间有很多潜藏的冲突没有解开。二是不高效，没有建立一套统一的从战略规划到落地执行的管理方法论，无法高效协同作战。三是不职业，多数高管没有完成从专业高手向管理高手转型，高管需要的职业化行为习惯没有建立，特别是关键会议以及一对一沟通的职业习惯。

中国民营企业 TMT 打造需要借鉴全球成功的企业大学经验，除了送高管去读 MBA，企业家本人有必要亲自带着高管团队一起接受 TMT 教练，并以坚韧的意志在企业内部推进企业战略讨论并达成共识，提升高管团队整体领导力和职业化管理能力，打造一支忠诚团结、管理专业的高管团队。

2. 职业化管理：提升企业家和高管的职业管理能力

职业化有三个维度：一是能力的维度，就是这个人受过良好的系统训练，可以用全面的视角，长远的视角、高效的视角来帮企业，把事情做对做好。二是道德的维度，指的是专业精神，所有的雇佣合同都是不完全合同，真正职业化的经理人就是在不管雇佣合同怎么约定，都要把事情做到尽善尽美。三是驱动的维度，就是这个人对事业有没有热爱，就是有企业家精神的职业经理人才是真正职业化的。你必须发自内心地认同这个事业，认同企业的使命愿景和价值观，才是最高的职业化。一家职业化管理的公司，不管是企业所有者还是职业经理人，在下达判断并付诸行动时不应掺杂任何野心与私心，对公司而言什么重要、什么不能做，这是唯一的基准。职业化管理，就是让杂质逐渐被过滤，让管理最终接近于纯粹。

3. 培养、发扬企业家的精神

企业家的精神在于创造，而敢为人先则是成功企业家的创业基因。看到需求，用最有效的方式满足客户，产融一体化，以高效的方式和技术的手段直击痛点，创造出新的发展契机，成就新希望的一次次跨界。一些民营企业推行合伙人机制，和年轻人一起奋斗。实行事业合伙人制度，通过跨行业和产业链的资源整合，吸引全世界最优秀的人才和项目。大胆又有谋略地创新，以合伙人机制聚拢优势资源，从而让企业的业务规模从原有产业不断开疆扩土，不断焕发新的生命力。以股权激励的合伙人制度笼络优秀人才，在守正的同时不断出奇，这或许就是那些成功民营企业的密钥。企业家的视野

决定了企业发展的格局。那些资深创业者、持续创新者则是站在全球视野里思考，同时扎根自我业务与优势，深耕细作，整合资源，顺潮流而动，超前快半步。首先低下头，其次讲诚信，最后要创新。只有这三个往前看，我们的企业才能够进步，才能够保持健康和活力。

除人才外，核心竞争力还是技术、品质和成本的聚焦点，技术很好，成本很高不行；质量很高，成本很高也还行；成本很低，质量很差也不行。所以，这三个点集中的地方就是核心竞争力。产品、技术、营销、服务、管理、创新，这些都很重要，而更根本的是，人走多远，企业走多远。这里的人，不是某个个体，而是一个整体，是接续成长与发扬光大的过程。

三、提高民营企业资产管理及运营能力

（一）提高民营企业资产管理能力

从对海尔对外投资的案例分析中可以看出，中国民营企业利用和管理资产的能力不足，甚至影响到了海外投资效率。民营企业在市场经济中参与对外投资，其中资产是其生产管理、持续经营的关键。首先，中国民营企业应该对资产管理有正确的认识。在吸收资产时就应分清良莠，保证资产来源于正规渠道。其次，企业应审视投资的行业或产品项目是否符合公司全球化战略和东道国市场消费习惯，分析是企业内部因素还是外部环境因素影响了资产的获利能力。使投入到海外的资产在各个领域得到最大回报。再次，将自有资产分散化投资也是保证资产有效利用的一种方法。民营企业的资产投入不应再盲目扩大投资规模而应该精细化、专业化投资，高效利用资产。最后，中国民营企业要认识到无形资产的资产转化能力，使企业无形资产的投入与产出成正比，甚至更加高效，而非处于拥有高新技术资产而无法获利的局面。通过提高无形资产的创收能力，提高企业整体资产的管理水平。

（二）提高民营企业运营能力

民营企业已逐渐成为对外经济合作的主导力量。伴随着简化境外投资审批手续及一系列鼓励政策，对外投资主体正处于由以国有经济为主导向民营经济为主导的转变过程，大型民营企业纷纷走出国门，逐渐成为境外投资的主导力量。中国民营企业虽然在产品制造上积累了一定的经验，但在企业运

营管理方面的经验仍然不足。民营企业在投资海外时应首先树立全球观念，深入探究全球经济发展动向和投资地的文化、政策情况，避免公司在海外运营上的"水土不服"。企业内部应提高生产效率，促进规模经济的实现，从而空出更多的资源投入到公司运营管理中。在行业内部，各民营企业相互之间应避免发生如相互压价、侵犯知识产权的情况。目前来看，不仅同行业内部存在竞争，在互联网行业如小米等具备线上信息资源优势和完善营销手段的企业也开始参与智能家电产业的竞争。面对激烈的行业内外部竞争，民营企业应改变旧式的管理模式，注意到企业营销、文化整合、协同消费者的重要性。同时中国民营企业应重视利用网络信息资源平台，在各环节提高企业的资源配置效率。在供应链环节，信息化可以提高物流效率，降低产品在物流上的成本浪费。在制造环节，信息化可以促进差异化生产从而带动产品价值的提升。在销售环节，信息化可以通过观察消费者的购买习惯满足消费者追求个性化的消费需求。

培养自身的卓越运营能力，以管理风险和不确定性。鉴于监管及经济发展的不确定性，企业需要更加灵活以实现其价值定位。各国政府在跨境投资、并购以及技术和人员流动方面的作用越发凸显。企业应该重视当地业务市场的情况，吸引利益相关者的关注。企业也不妨考虑调整运营足迹，但这需要企业本身具备足够的敏捷性，也意味着要向风险管理投入更多的资源。

四、打造中国企业自身的世界品牌，讲好"中国故事"

尤其在国际局势发生深刻变化的当下，品牌无疑成为一个热词。从最初的一个经济的概念，升级为国家的战略，要真正实现从高速增长向高质量发展的转变，在新一轮经济全球化中脱颖而出，打响企业"品牌"正在成为寻求突破与超越的契机，这就是品牌的力量。品牌就是专业和信任。简单来说，对于企业，品牌是获取核心竞争力，积累无形资产。对于消费者，选择某一品牌，是为获取附加值，获得心理满足感。对于国家，是促进经济转型升级，传递实力的一个象征。这就要求我们讲好新时代的"中国故事"。

（一）讲故事是讲品牌

讲好故事就是如何经营好品牌，讲故事的能力归根结底是品牌塑造和传播的能力。民营企业真正称为品牌的公司，在中国本土还很少。

讲故事对企业来讲，讲的是品牌，怎样创造一个品牌，让这个品牌让消费者接受。"讲故事"是中国的语境，我们国家说讲好中国故事，做中国的品牌。中国经营企业，从企业价值来说，从最低的制造爬升到做研发，到价值链最高的品牌，所谓要讲好故事就是如何经营好自己的品牌。

（二）品牌传播对中国企业走向全球化是一个机会

无论从产品力、品牌力、渠道力还是供应链能力和内部组织人才能力，这都需要我们扎扎实实去做才能真正走向全球化。品牌传播对中国民营企业是一个机会。今天有更多的社交媒体和互联网媒体，这样的媒体给中国的品牌传播带来机遇。以前垄断性的媒体资源对中国品牌走出去非常难，但今天有了社交媒体，带给中国企业非常大的机遇。

中国民营企业要创造世界级品牌还有很长的路。所有的奢侈品品牌都是一百年来，法国、欧洲的品牌，而在那个年代欧洲是 GDP 最高的。20 世纪 50~70 年代以后，美国成为了世界的领导者，那时候诞生了一批世界级企业，像宝洁、肯德基、麦当劳在那个年代全球化。90 年代初，日本 GDP 全球第二，诞生了索尼这样的公司。今天中国 GDP 全球第二，今天的华为、海尔、小米等很多产品已经被全球认知。一个品牌的国际化背后是除了综合国力外，还要有产品力和创造力，中国可以像日本当年一样做出更好的产品、更好的品牌。

（三）扎实打造中国企业自身的世界品牌

中国的企业尤其从创始人到核心团队自己要懂品牌的塑造和建立。中国民营企业再出发，必然要打造品牌是领导人的远见和梦想的承载，打开视野，让品牌看到未来的同时，也让客户愿意跟随的愿景。品牌也是领导人意志力的传递，当品牌创立的初衷被清晰勾勒时就能传递给客户，在客户生命中有角色有意义有重量。打造品牌，就是要站在企业理念与愿景上，就是要站在社会角度上去构筑品牌，用品牌力去区隔市场，用品牌力去赢得客户，这就是"以品牌力为武器"。许多民营企业都在开拓国外市场，我们有信心越来越多的中国产品将成为全球性的品牌。

第四节　中国民营企业对外直接投资的借鉴、启示与展望

数字化时代已来，企业需要重新审视数字化转型和商业模式。数字化不是一个技术问题，从根本上来说，它反映的是新技术环境下生产关系的问题，如同企业所有其他决策一样，它的出发点应该永远都是客户需求，而不是外部竞争。所以数字化拯救企业的方法，绝不只是依靠"鲇鱼效应"，而是产业间的深度融合，以及数字经济、平台范式、智能商业的崛起，为推进经营变革、财务转型和金融创新带来了新的机遇。

为了数字化的数字化并没有意义。对于任何企业来说，只有在诚实地回答"我明天的业务究竟需要什么样的数字化"这个现实问题的基础上，才能走出一条适合自己的数字化道路，企业才能真正通过数字化变得强大，实现增长。

一、借鉴与启示

（一）对中国传统行业企业的转型发展有借鉴意义

在本书中笔者以 2003 年阿里巴巴设立淘宝网为起点，划分以网络经济为代表的中国进入新经济时代，中国的经济增长率为 12%~13%。此后这个数字一直在下降，现在中国的经济增长率为 5%~6%。如果你将中国的增长分为两个阶段，旧经济和新经济，你会发现旧经济的增长已经停滞甚至下降，但是新经济正在持续快速增长，以阿里巴巴和腾讯和华为集团的中国科技巨头为代表的新经济，在以每个季度都以 40%~50% 的速度增长。

新经济产生的巨大增长率是因为技术正在改变供应商和消费者的行为方式，释放出来的销量可以产生新的经济增长。"新旧动能"转换一直是应对经济下行和对外直接投资的核心着力点，而在叠加了 2020 年开年的疫情之后，这一进程亟待加速。

近年来，以商业应用为引领，中国实现了人工智能市场化应用的高速发展。颠覆性技术的突破不仅会导致全球价值链的深度重构，也会助力新兴经济体实现"弯道超车"。中国的民营企业应及时抢占商业模式重构先机，推

动人工智能与场景创新的高度融合，实现与第四次科技浪潮的同频共振。

（二）中国制造凭什么

一直以来中国制造业整体落后于人，并且制造业的信息化基础比较薄弱，但中国的前端消费互联网一直处于全球领先地位，已渗透到衣食住行的方方面面，并进一步与实体经济深度交融，拖拽数字产业经济向前奔跑。

中国在工业4.0时代要完成的事情，可以归结为"一横一纵一拉通"。"一横"是价值互联网，从物流到销售、客户，用互联网来解决问题；"一纵"是纵向集成，在生产制造端创新，实现工厂智能制造；"一拉通"是全生命周期，打通从产品设计到销售运维的整个产品生命周期。其实，深究起来，"一横一纵一拉通"都与实体制造业密切相关，这场数字化转型已经在各行各业掀起浪潮，格力、海尔等企业自然是工业4.0时代智能制造的翘楚。

"一横一纵一拉通"是中国制造业在工业4.0时代要完成的事情，这一思路对于企业的制造转型也颇有启发。对于企业而言，"一横"可以理解为电商布局，"一纵"是工厂端的智能制造，"一拉通"则是从生产端到用户端，全链条、全路径的智能化、数字化管理。

"智能制造"的核心不是机器人，而是通过智能化和数字化推动资源集聚能级提升，从多个维度联合打通企业的"任督二脉"，从质量、效率上提高企业制造的能力。中国制造业资深人士普遍认为，针对前端消费侧提供更好的服务、更多的产品，或许是中国制造业在工业4.0时代逆袭的最好机会。

每个时代，技术的更新迭代都会推动相关产业的快速发展，过去几次工业革命的意义就在于与生产生活的融入。综观今日的中国，时代智能化的浪潮中，5G、AI、云计算等前沿科技不断为企业赋能，一批又一批体质过硬的企业将乘势而起，奔腾于浪潮之上，穿越周期，成为时代的弄潮儿。数字经济时代，物联网时代，基于物联网、工业4.0做全局资源优化的未来革命，中国有望成为策源地。

（三）传统企业重构的路径：数字化的转型

通过数字化转型走向数字经济，这是全球共同的可持续发展机遇。"不数字化是等死"2020年的第一个季度后，这将不再只是一种选择，而是必选项，这是企业面对危机时能够获得强大免疫力的可靠保障。源于人类社会的发展史就是一部对抗不确定性、寻求最终的确定性的历史，对于企业而言，疫情的不确定性，数字化转型是唯一确定的答案。

企业要进行数字化转型主要有以下四个方面的原因：

1. 数字经济将是新型生产关系体现的新经济

数字化转型重新塑造了企业的生产力，促进传统生产关系向新型生产关系转变。数字化的核心逻辑是一致的，即通过触点数字化、业务在线化的方式，将外部需求和企业内部行为转化为可运算的数字，并在此基础上通过算法提升供需的匹配效率和质量，进而提升企业的竞争力。在新生产关系中，平台将是企业、市场和政府等市场主体之外的新型协调关系，平台是一个自动化系统，依靠算法进行资源的分配与调节，而不同市场主体在平台上的关系是共生共存、共同发展，不再是彼此竞争的零和关系。

一个数字化的企业，应该是以数据为决策核心，以算法和智能化为重要决策工具的新型组织。当数以亿计的企业都实现了"存在方式"的质的改变，数字化彻底改写了商业世界竞争的基础逻辑，也改变了科技社会的生产关系。

2. 数字化转型可以提高全球的包容性

新技术打开了经济增长的新机遇，减少了不平衡性和提高了全球包容性；同时，全球正在面临去全球化的挑战，无论是国家的内战还是政治民粹主义都带来了国际关系的不确定性。全球正面临一个重大的选择关口：是选择一个更开放、包容和互联的未来，还是选择一个封闭、孤立和不平等的未来？由于数字化和数字化转型与全球社会及经济的内在关联性，也在影响着矛盾的观点以及被矛盾的观点所影响。数字化变革是一个一代人只有一次的机会，能推动全球经济的剧烈改变。但这种改变不会自然而然地发生，同时也需要管理其可能出现的负面和非其本意的影响。笔者认为，需要全球采取合作性行动，从而让数字化转型向着促进全球繁荣的明天前进。

3. 企业数字化转型的摸索阶段已经基本结束

整体来看，本轮数字化转型是一个复杂的社会经济工程，是互联网从个人和家庭到企业和商业再到政府机构等全面蔓延的过程，而在这个过程中整个社会从之前的个人与个人互联到企业与企业互联再到国家与国家互联，尽管各国在设置各种数据不离境等管控措施，但总体来说整个地球在日益走向一个全面互联互通的世界。而在这样一个深刻的数字化转型中，企业的数字化转型、行业的数字化转型、区域的数字化转型、政府的数字化转型、各国的数字化转型等都在同时发生，并且处于不同的数字化阶段，这是一个极为复杂而未知的旅程。有的企业数字化成功了，如达美乐比萨；有的企业数字化则不成功，如提出了工业 4.0 的 GE。不过到 2019 年，企业数字化转型的摸索阶段已经基本结束。2019 年，以互联网、IT 和 CT 为代表的高科技企业数字化转型已经告一段落，数字化转型正向着更多的传统企业和传统行业领域扩散。

那些能够成功完成数字化转型的企业在于企业的领导者可以重新回归基本面——他们在决定使用什么数字工具以及如何使用之前，首先致力于改变企业当中所有人的心态和思维方式，改变企业文化和流程。归根结底，应该是企业对未来的规划驱动着技术的发展，而非技术推着企业走。

4."新冠肺炎"疫情佐证了数字经济是新的发展方向

"新冠肺炎"疫情大大强化了社会公众对于技术的认知，那些制约数字经济发展的观念、体制包袱和拖累被完全打破。疫情使各行各业受到不同程度的冲击，而那些数字化程度较高的企业，展现了更灵活的应对能力、更坚实的抵御实力以及更强劲的生存韧性。疫情带来了企业对数字化态度的转变：从"附加值逻辑"到"必选项逻辑"。从此以后，大数据、人工智能这样的技术会成为像水电煤一样重要的基础设施，产业数字化进程将会大大加速。也许企业会倒闭，但是对于数字化的服务需求不会断绝。未来能提供数字底层设施的企业，将会抢占新一轮技术革命中的重大红利。

（四）数字化为传统行业企业带来了新的增长机遇

科学史经验也证明了每一次科技革命都紧随着较长一段时间的科技红利期，一批与之相伴的科技新兴成果会不断问世，这将对未来国际经济格局进行重新洗牌。对于企业而言，先要找到正确的路径，才能真正地、全面地从数字化中受益。究竟选择由需求驱动的"从外到内"的数字化，还是由流程驱动的"从内到外"的数字化，不同企业有不同的答案。要想成功地推进数字化转型并实现对业绩的积极影响，传统行业企业需要从战略、战术、执行和组织层面系统规划、有序执行。

1.战略层面：如何定方向

传统企业拥抱数字化转型时，战略层面应当是基于自身业务，将数字化战略与企业愿景及业务战略进行衔接，从而让数字化给自身主业插上数字化的翅膀。对于传统行业企业，在推进数字化转型时，不要先入为主地认为自己深耕多年的传统业务与能力基础一定会与数字化转型背道而驰。

2. 战术层面：从哪儿发力

在战术层面，传统行业企业在识别能够帮助主业加速发展的"数字化翅膀"时，可以结合行业规律与自身禀赋，考虑以下三个可能的选项，做一道多项选择题：侧重营销端的数字化举措，抓住客户与市场从而推动营业收入业绩；侧重内部运营端的数字化举措，降本增效提升盈利能力；侧重数字化产品与服务的打造，提升产品基本面的竞争力，乃至更进一步，通过产品和服务的重塑实现业务模式的革新，开拓新的业绩来源。

（五）国际化的"连接能力"成为一家企业发展壮大的关键

在当今的市场上，企业必须要有自己的核心竞争力，只有这样才能在遇到剧烈波动和不确定时，依然活着。

1. 不确定性中寻求确定性

宏观经济的压力、国际局势的纷繁复杂，不断动荡的社会变化要求我们的企业需要更强的抗风险能力、应变能力、生存能力。事实上，我们已经进入了"风险社会"，变化与挑战已成常态。外部环境的不确定性，个别企业无法扭转。然而，在不确定性之外我们仍可看到一些确定性。社会进步、经济发展的大趋势是确定的，人们对丰富多彩的物质需求是确定的，企业的国际化发展是确定的。那么我们的企业更要化危为机、转危为安。所以，中国企业对外直接投资的发展是无疑的、必然的和确定的。

2. 只有企业有了坚固的护城河，才能在各种风浪中处变不惊

当风暴来袭时，什么样的企业才能屹立不倒？企业应当有坚固的护城河，足够使你在各种风浪中处变不惊。你的护城河，应当不可复制。你的模式不是其他企业随便照猫画虎就能抄去的，你的优势不是烧钱补贴之后就能被赶超的，你的企业不是在竞争对手挖走团队之后就能被搞垮的。你的护城河应当面向未来。工业时代的优势，在互联网时代会被轻易摧垮。而在如今的数字化、智能化时代，前互联网的传统思维与优势也很难长存。

3. 树也能长到天上去

在此次疫情期间，像阿里巴巴、腾讯这样的企业表现出惊人的实力：似乎无论哪个领域都有它，无论什么事它都能发挥作用。阿里巴巴能连夜从国外包机运回海外公司采购的医疗物资紧缺；医务人员紧缺，阿里能马上动员一批医生向大家线上义诊；民众不能外出，阿里巴巴推出了"疫情服务直通车"，你在阿里巴巴的平台上能满足一切日常需求。这样的企业已经超出了

传统企业的范畴，它们的能力无所不及、它们的范围没有边界。这就是数字时代的新物种，生态型企业、平台型企业。

事实上，在这个万物互联的网络社会，在这个组织边界、产业边界日渐消融的新型社会，一家企业的核心竞争力已经发生了变化："连接能力"将成为一家企业发展壮大的关键。一家企业的能力和资源毕竟是有限的。如何能以更短的时间，连接到更多的资源，影响到更广的范围，发挥出最大的效能？而且这些企业还会抓住一切机会，以互利共生的方式来进一步强化自己的连接能力。

从更高层次来看，平台型企业的连接能力、组织能力、动员能力，甚至已经超出了"企业"的范畴。经过此次疫情之后，平台的外销能力、公共价值与功能会重新得到评估，它们会越来越成为国家治理和对外投资的重要组成部分。

（六）企业的数字化发展并不存在一个具有普适性的数字化路径

对任何一个传统企业来说，都需要迈出数字化的第一步，才能逐步实现整个企业的数字化。我们看到，从电子会员、电商运营、自动化渠道管理，到数字金融、在线协同办公，这些单个层面对数字工具的运用，都是企业真正数字化的前期工作，也是不可或缺的探索与实践。

与此同时，企业的数字化也并非一时一事，而是一个长期的过程，牵涉到从经营理念到组织结构的变化，不可能一蹴而就。更重要的是，并不是所有企业，在每一个发展阶段，在各个业务环节、方向上都需要数字化。无论出发点在哪里，其最终目的都应该是全社会全链路的数字化，并在此基础上改变组织结构，真正适应数字化带来的生产关系的改变。企业自身发展阶段不同，演进历史不同，决定了它们当下的需求不同，所以并不存在一个具有普适性的数字化路径。每个企业需要做的，是寻找投入产出比最高的环节作为切入点，去推动企业的数字化进程。更进一步地说，尽管数字化最终将改造企业的方方面面，但真正从数字化中获取收益需要整个系统的配合，正面的效果大多会在相对较长的周期内显现。然而，全社会数字化的未来不可避免，在疫情之后恢复的过程中，企业应该有针对性地着手推动数字化进程，才能让企业在数字化的社会中更具竞争力。

二、展望未来

对中国民营企业而言，首先要进行纵深发展，像一颗铆钉一样，牢牢占据自己在细分领域中的竞争优势，让自己对于巨头而言也有重要的连接价值；其次在融入巨头生态的过程中，也要不断积累、拓展自己的价值网络，构建自己在人力、财力、物力等方面的连接能力；最后互利共生往往才是更为长远、更有价值的发展方式。纵观中国波澜壮阔的商业发展史，每一次危机之后，都必将诞生一批伟大而坚强的企业。

（一）超大规模新基建助力"一带一路"建设和贸易、投资格局

中国近 50 万亿基建规划，指的是 20 多个已公布省份的未来总投资计划。此次大规模基建计划，尤其是向周边国家的辐射，将会对中国地缘政治和贸易、投资格局，至少是未来三十年的区域贸易和东亚地缘格局产生重大影响。

借助此次基建，中国正在把已经领先于世界的一些科技类基础设施项目优势拉大，包括 5G、特高压、城际高速铁路和城际轨道交通、新能源汽车充电桩、大数据中心、人工智能、工业互联网七个方向。这里更多的是着眼于全球产业竞争和优化分工的考虑。

毫无疑问，没有对全球经济以及周边经济的深入嵌套，中国未来就很难获得更大的工业资源，来支撑对全球分工和财富分配的影响，那么中国整个社会所创造出来的财富，都将面临被"薅羊毛"的风险。

（二）海外工厂未来可能只是一个位置的概念

1. 产业链、供应链是王中王

产业链、供应链、价值链融合发展是推动全球化的重要动力。下一步中国民营企业应尽可能把我们的产业从中游环节向上游环节延伸，抵御各种贸易摩擦的"撒手锏"。

世界上货币贸易的 70% 都是中间品贸易，跨国公司形成的上千个全球企业间的供应链，形成了"你中有我，我中有你"的体系。中美贸易摩擦的两方都在增加关税，看起来打击了对手，但要知道，对手产业链里的 50%、60% 甚至 70% 又是和自己捆绑在一起的。从这个意义上讲，真正反对中美贸易摩擦的，是美国 60 多个制造业协会、联盟。所以，产业链、供应链是王中王。

2.疫情冲击下的全球供应链中断已超越中国

另外，值得注意的是全球制造业对亚洲的依赖。全球制造业产出的50%以上来自亚洲，2019年亚洲制造业GDP超过7.1万亿美元，其中的三大支柱分别是中国（4.1万亿美元，占亚洲的58.3%）；日本（1万亿美元，占亚洲的14.7%）和韩国（5000亿美元，占亚洲的6.3%）。在2020年3月初，中国有36000种以上的零部件、9000家以上的工厂、1500个以上独特的一级/次级供应商受到疫情影响。而韩国、日本和意大利，分别都有数以千计的零部件、工厂和独特的一级/次级供应商受到影响。Resilinc数据显示，供应链受到的冲击远远超出中国，并且已在全球不同国家和地区出现。

3.全球供应链的重组是否意味着大量供应链撤离中国

过去二十多年来，中国已成为一个庞大且日趋富裕的消费市场，这说明了为何制造业投资不断流入中国，中国占全球制造业产值的35%。根据世界银行的数据，尽管中国仅占全球家庭消费的10%，但2010~2016年却是全球家庭消费增长38%的来源，这也促成了所谓"在中国，为中国生产"的现象。这将有助于保持至少很大部分生产线留在中国。另外，这些替代国家自身的架构是否健全？是否有足够资源来应付？也是值得考虑的问题。

4.走向多边市场、多边供应是解决供应链问题的关键

对企业而言，把全部产能都放在国内是非常危险的，如果想要在产业链上保持自己的地位，就必须走出国门。即便企业家自己不想在国外建厂，下游的大客户为了供应链安全，也会要求你这么做。摆脱单一市场，走向多边市场、多边供应。

问题在于，没有哪个国家有体量接纳"中国制造"的全部供应链，所以，企业更倾向于在现有产能中分出一部分，根据各国的资源禀赋、上下游配套以及产品不同的消费市场，在最适合的国家设厂，合理布局，保证整个供应的高效、安全，同时控制成本。这样，完整的供应链还是掌握在中国人手里，并不会影响中国作为世界工厂的地位。

5.坚持创新又懂得审时度势

"美国的金融资本与技术＋中国的产业资本与产能"可能是未来二十年的大趋势。如果前面说的"世界工厂"变成"全世界开工厂"的逻辑成立，那么接下来，虽然不会危及中国的产业链聚焦优势，国内的工作机会同样会减少。只是，苹果产业链的产能经历了"从国外到国内再到全球"的过程，特斯拉产业链很可能从一开始就是中国供应商的"内地和海外产能"

齐头并进的格局。

（三）数字化是民营企业发展壮大的必由之路

1. 数字化转型重塑"传统"制造业

制造企业想要保持产品在技术上的领先并非易事，只有不断顺应时代的需求，满足不同时代的消费需求，因此才能在漫长的百年时光中生存下来。制造业作为能耗最高的行业，在落地实施数字化转型升级的过程中，一大重点和难点在于如何有效提高生产原料利用率、生产效率，这也是"绿色制造"的大势所趋，绿色制造与工业数字化，二者互相依附、促进。将能源问题与数字化转型结合，实现能效、资产与运营管理水平的全面优化，第三章中论及的海尔智能可以说是一个很好的范例。

"一定要协同"在企业面向数字化、智能化转型的时候，合作模式成为重要的考虑方面。企业必须要选择合适的数字化转型合作伙伴。在今天的数字化社会，没有人可以独自成功，一定要协同。在这一轮的"新基建"过程中，产业公司必须明白的是，不能全是自己去投入研发，而是要和科技公司去合作，迅速应用它们的研发成果，在自己的业务链上去做延伸，很快能抢占竞争的制高点。否则就陷入另一个怪圈，即你投了很多钱做数字化研发，最后发现你出不来，而要摆脱这个陷阱、走出这个魔咒，就要跟科技公司合作。在这种合作中间，产业公司和科技公司各有各的使命，科技公司技术上非常强，但真正到 B 端，去做产业互联网，去改造工业的时候，会发现工业逻辑是一个壁垒非常强的东西，所以需要协作。

2. 实现企业全面推进数字化转型

"新冠肺炎"疫情期间涌现的数字化工具经过演习、沉淀，倒逼数字化平台加快建设，凡是向数字经济提前转型的企业都展示出了强劲的韧性和抗压能力，为产业互联网的长远发展埋下深刻伏笔。把创新能力与合作伙伴的优势结合起来，打通从生产制造到消费服务的价值链，用技术帮助企业降本增效，实现智慧化转型。技术迭代不断推动对外投资、供给与消费方式的革命性突破，而日新月异的先进科技无疑为对外直接投资的发展提供了新思路与新要求。

疫情催生了以 5G、数据中心等为代表的"新基建"蓬勃生长，不仅在稳投资、稳增长、促消费等方面发挥着越来越突出的作用，而且为孕育创新、促进转型、培植发展新动能提供了营养丰富的"土壤"，给经济社会发展注入了旺盛的生机活力。

通过这次疫情让我们切实看到了中国经济的缩影。智能制造对冲了负面影响，疫情发生以来，经济社会没有因物理隔离而停摆，离不开"新基建"的支撑。通过洞察消费市场、供应链两端的需求，通过数字化生态系统的建设和优化，持续改进消费互联网和工业物联网互联互通的效率。正是将数字化的新基建带到全国的各大产业带中去，通过推动新基建发展新供给，从而拓展新消费，促进产业转型升级。让工厂离市场更近、离用户更近。

3. 催生"新管理"数字化智慧

新管理方式给生产生活和社会运转带来了极大的便利，也正是在这样的现实场景之下，无论是政府、产业层面还是社会大众层面，都对数字化"新管理"模式发展寄予了更多期待。"数字经济"风生水起，创新助力生产生活。数字经济其实早已不是什么新鲜事儿，突如其来的"新冠肺炎"疫情，让人们更直观、更真切地领略到数字经济的"魔力"，也对我国创新能力、创新成果有了更具象、更深刻的认知。

（四）科技浪潮趋势不减，恒者恒强

在移动互联网的科技时代，因应移动互联网的不断纵深发展，全世界范围内新一轮技术创新与产业变革已蓄势待发。而本轮科技浪潮始于 5G 的建设，伴随着智能硬件、自动驾驶、工业互联网、大数据、云计算、人工智能等一系列的革命性创新，会对人们生活和生产方方面面带来颠覆，持续时间和周期也会比之前的科技浪潮更长。随着数字化技术的高速发展，无论是哪个产业链里面，都多了一个角色，这个角色叫科技公司，懂云 +AI+5G 技术的科技公司。在这个趋势下，对于各行各业而言，实体产业与科技公司携手并进，达到高度一致的协同，才能进一步实现新基建的价值所在，才能真正用科技改变企业的生产和运营方式，赢得数字化未来。

科技是全球下一轮经济增长主要驱动力，已经建立优势的科技龙头公司有望凭借市场、资金、技术、人才优势进一步整合资源、提升份额，实现强者愈强。新基建、5G 应用，代表了新的投资领域，代表了更广泛的科技与商业的深度应用。从中长期来看，以 5G 为代表的新基建将推动经济结构向以数字经济为代表的新兴经济转变，5G 等新技术的应用也将推动整个制造业产业的持续转型升级。一场由前沿信息技术引发的产业转型升级和经济结构转变正在到来。

（五）全球化不可逆转

经济全球化开始受阻，特别是这次疫情更是让部分全球化终结论者认为，疫情已成为压倒全球化的最后一根稻草，给全球化彻底画上了休止符。全球化到底是进还是退？笔者得出的答案是：全球化不可逆转，理由是：

第一，这是由于资本的逐利性所决定的，只要我们仍然是用这套现在人类经济活动方式进行，那么全球化就是个自然的过程，不可能最终把世界市场割裂为几个小的区域。

第二，中国利用"一带一路"倡议，可以摆脱对美国市场的依赖。现在效果逐渐出来了，我们对东盟、欧盟、日本的出口额分别占总出口的15%、17%、13%左右，这三个加起来接近50%。"一带一路"涉及75%以上的世界GDP总量、85%左右的人口总量。如果我们今后达到了"一带一路"倡议要求的话，中国将有更大的话语权。

第三，全球化当前局部的逆全球化完全有可能发生，而且已经在发生，这次只是局部的，而且发生在市场和金融的局部割裂。

第四，中国已经成为全球第二大经济体，是全球贸易与投资的动力源泉，但中国与世界融合的进程仍有进一步深化的空间。中国经济正逐步转向以内需驱动为主的增长模式，如果他国与中国经济之间的关系减弱，那么双方都会遭受巨大的经济损失。相反，加深彼此间的整合能够创造巨大的经济利益。无论这种联系未来将如何变化，国际间的相互依存，共同发展的基调不会改变。

第五，从市场的角度看，如果丢掉中国市场，就是丢掉今后十几年世界最大的潜在市场。在这个意义上，跟中国脱轨就是跟市场脱轨，就是跟最大的增量脱轨。

在智能经济时代的未来世界，新兴科学技术将会以之前十倍百倍的体量出现，跨国技术转移与意识形态流动尽管有各种困难，却是不可阻挡的历史大势，而中国今后必然是新兴科技研发的国际引领者。两个世界的碰撞可能永远不会结束，而新世界的火花，就在这永无休止的碰撞中产生。这意味着中国经济版图的扩展中向不可预测的世界变局与技术中心主义前进，"融合"意味着以"共舞"的姿态来获得"双赢"，及时转变思想，调整战略布局，化压力为动力，变挑战为机遇，从而打开中国民营企业对外投资在新时代的新局面。

三、结语

随着世界在信息、资本和人员流动方面变得更加相互关联，各国将更加依赖彼此，为自己和全球社会实现积极成果。在资本逐利和合作共赢的前提下，利益相关者有机会以合作＋竞争的方式使得世界进入一个技术进步和经济再平衡的新阶段。

"新冠肺炎"疫情就像一场叫停全球化的实战演习，全球供应链和世界经济都带来重创和剧痛。这恰恰反向证明了世界各国经济已深度依赖，企业和老百姓都无法承受逆全球化的脱钩之痛。对中国民营企业来说，化压力为动力，变挑战为机遇。疫情对每个企业都是一次考验，考验整体协作能力、内在免疫力，以及摆脱危机同时能否平衡发展的能力。在抗击"新冠肺炎"疫情中，数字技术、数字产业和数字服务发挥了重要作用，展示了更广泛的应用前景和增长潜力。可以预见，数字经济不仅现在助力中国的实体经济，而且能够让中国未来的经济发展赢得长久的动力。

从政府的层面来看，数字产业和产业数字化已经成为主导产业和新增长点，万物互联时代必定会是制造业与服务业的融合发展，这就需要政府制定中长期发展政策，关注数字产业发展状况；大企业的技术创新能力强，但应用场景不可控，应当将发展决策交给市场，政府来提供应用场景；对中国政府来说，从政策引导角度迫切需要国家建立供应链安全的管理体系，包括预警机制、协调政策等。产业组织方面，国内产业优势来自大市场同时具有的规模效应和竞争效应，因此政府也应当鼓励形成大型平台与鼓励竞争并重的政策导向；产业互联网发展需要公共产品的支持，可实行公共机构提供或购买服务的方式。

我们也认识到，近几年数字经济发展有减力趋势。移动互联网用户数和上网时长出现停滞，互联网新产品表现贫乏，自动驾驶、量子计算、3D打印、机器人等新技术尚没有消费级的突破。一个重要原因，是4G移动互联网能够支持的产品，需求已较为充分地满足。新一轮发展需要新的技术支撑。目前，消费互联网的运用更为普遍成熟，因其连接的是需求相似的消费者，而产业互联网连接的是各不相同的专业行业，二者所需要的通信能力和计算能力，是不可相比的，因此发展空间仍需拓展，不能停滞。"新基建"成为重要的基础产业和新兴产业，这个领域空间大、前景广阔，还将有大量、新的机遇，未来，技术发展支持移动互联网和物联网双轮驱动，更多百亿级、千亿级的消费可望实现商业化。

第四次工业革命的技术正在重塑新的世界经济秩序：数字技术重塑了人类生活的方方面面；经济发展在很大程度上取决于大型技术平台、企业家和数字经济的参与者等；技术变革的规模和速度是前所未有的；我们现在生活在一个"平台星球"上，在这个星球中，社会要素，如身份、市场和政治参与，超越了区域边界。经济和技术转变的结合，技术发展和中国的贸易、投资经济将支撑中国民营企业的对外直接投资加速向高附加值贸易、投资的数字经济模式转变。笔者认为，应优先考虑技术和数字平台；基础设施和物流；贸易便利化和软基础设施组成部分；对外融资外国直接投资，以及教育和技能等，通过有效的生产转型过程，将自然资源制造和其他中高技术贸易、投资不仅扩展到传统市场，而且扩展到新的目的地。

从时代发展趋势的正面启示看，互联网时代的全球化进程不可逆转，互联网可以说是全球化的助推器，数字技术则是全球化的最大推手，全球化与互联网互相赋能。从这个意义上来说，人类一旦拥抱了互联网就再也离不开全球化，即便全球化衍生了一些安全焦虑、贫富差距、产业竞争、难民犯罪等问题，但是错并不在全球化，而在全球化进程中的全球治理缺位。发展中的问题需要用发展的思路去解决，全球化大势和"新冠肺炎"危机推动更高层次的全球化进程。数字世界全球共治需要在经济、政治和文化三个维度里统筹推进。站在人类文明的更高起点上，在历史长河的更大周期中去寻求规律的源流和趋势的主脉，这才能找到全球化受阻的真正原因，才能推动更高层次的全球化进程——数字世界有机会打造升级版的全球化。我们也应认识到，全球海外直接投资流量或将延续下滑态势，全球投资环境仍面临重大风险。笔者坚信在建立一个底线思维的认识后，"没有一个冬天不会过去，没有一个春天不会到来"。无论是贸易摩擦带来的风浪，还是"新冠肺炎"掀起的狂飙，都无法掀翻中国经济的这艘大船。

参 考 文 献

英文文献

［1］Yu Wang，Liwei Cheng，Hao Wang，Liangyu Li，Institutional Quality，Financial Development and OFDI［J］.Pacific Science Review，2014，16（6）：127–132.

［2］Zhan J. Transnationalisation and Outward Investment：The Case of Chinese Firms［J］. Transnational Corporations，1995，4（3）：67–100.

［3］Yang D. T. What Has Caused Regional Inequality in China？［J］.China Economic Review，2002，13（4）：331–334.

［4］Buckley P. J.，Cross A. R.，Tan H.，Xin L. & Zheng P. Historic and Emergent Trends in Chinese Outward Direct Investment［J］. Management International Review，2008，48（6）：715–748.

［5］Xiaohui Liu，Jiangyong Lu，Amon Chizema. Top Executive Compensation，Regional Institutions and Chinese OFDI［J］. Journal of World Business，2014，49（1）：143–155.

［6］Morck R.，Yeung B. & Zhao M. Perspectives on China's Outward Foreign Direct Investment［J］. Journal of International Business Studies，2008，39（3）：337–350.

［7］Peng M. W.，Wang D. Y. Innovation Capability and Foreign Direct Investment：Toward a Learning Option Perspective［J］. Management International Review，2000（40）：79–93.

中文文献

［1］陈春花.企业家亟须数字化理解与反思［R］.2019年中国500强论坛，2019.

［2］谢平.中国对外直接投资战略研究的一部力作［N］.学习时报，2019-01-23.

［3］王怡安，许启航."一带一路"背景下我国对沿线国家直接投资的贸易效应研究［J］.经济师，2017（11）.

［4］王俊岭.中国去年对外投资呈七亮点［N］.人民日报（海外版），2019-01-18（3）.

［5］朱菲娜.树形象、打品牌、促进对外投资合作健康发展［N］.中国经济时报，2019-01-22.

［6］李梦茜."一带一路"倡议下中国企业"走出去"政治风险分析［D］.吉林大学硕士学位论文，2018.

［7］李玉娟."一带一路"倡议对中国海外投资效率的影响分析［J］.重庆交通大学学报（社会科学版），2018，18（6）：83-88.

［8］詹晓宁，欧阳永福.数字经济下全球投资的新趋势与中国利用外资的新战略［J］.管理世界，2018（3）.

［9］蔡家勇.我国对外直接投资的现状、问题与对策［J］.宏观经济管理，2017（2）：55-58.

［10］侯晓宇.中国对外直接投资现状、问题及对策研究［J］.现代商业，2018（35）：70-71.

［11］杨挺，李志中，陈子若.中国对外直接投资的新特征及趋势［J］.国际经济合作，2017（1）：18-26.

［12］王晓红.推动新时期我国对外直接投资的战略思路［J］.全球化，2017（1）：28-49，134.

［13］刘英.我国对外投资的历史机遇［J］.中国金融，2017（21）：48-49.

［14］陈蛟.我国对外直接投资的区位分布现状和问题研究［J］.全国流通经济，2018（3）：26-27.

［15］阎大颖.中国企业对外直接投资的区位选择及其决定因素［J］.国际贸易问题，2013（7）：128-135.

[16] 马述忠, 刘梦恒. 中国对"一带一路"直接投资的制约因素与策略选择 [J]. 新视野, 2017 (1): 17-22.

[17] 管欣, 张彦灵. 我国对外直接投资现状分析 [J]. 合作经济与科技, 2018 (22): 49-51.

[18] 吕越, 刘之洋, 吕云龙. 中国企业参与全球价值链的持续时间及其决定因素 [J]. 数量经济技术经济研究, 2017, 34 (6): 37-53.

[19] 黄迪. 21世纪"海上丝绸之路"背景下中国对外直接投资与产业结构升级关系研究 [D]. 上海海洋大学硕士学位论文, 2018.

[20] 高鹏飞, 孙文莉. 对外直接投资理论与中国实践的新问题 [J]. 中国商报, 2019 (2): 53-66.

[21] 宋林, 谢伟, 郑雯. "一带一路"战略背景下我国对外直接投资的效率研究 [J]. 西安交通大学学报 (社会科学版), 2017, 37 (4): 45-54.

[22] 杨挺, 郭思文, 李明彦. 2019年中国对外直接投资的趋势 [N]. 中国贸易报, 2019-02-21.

[23] 李优树, 马滢涵. 新时代我国对外投资的变化与创新方式 [J]. 国家治理, 2018 (28): 3-9.

[24] 郭潇雨. "一带一路"背景下国内外对外直接投资文献综述 [J]. 现代营销 (创富信息版), 2018 (8): 80-81.

[25] 蔡政元, 巴曙松. 中资企业海外并购的问题及对策建议 [J]. 金融发展研究, 2019 (2): 26-31.

[26] 李文杨. 中国民营企业对外投资动因分析 [D]. 首都经济贸易大学硕士学位论文, 2018.

[27] 朱星炜. 中国对外直接投资对出口贸易的影响研究 [D]. 东南大学硕士学位论文, 2018.

[28] 李梦娇, 薛鹏. 发展中国家对外直接投资与母国产业结构优化研究综述 [J]. 对外经贸, 2019 (2): 24-27.

[29] 魏亭亭. 中国民营企业对外直接投资的风险分析及防范措施 [D]. 天津商业大学硕士学位论文, 2017.

[30] 欧阳峣. 民营企业对外直接投资研究——理论、战略与模式 [D]. 湖南大学博士学位论文, 2006.

[31] 展望2020：全球及中国海外直接投资概况 [C]. 中债资信 (ID:

CBR_2010）.

［32］朱小斌. 2020—2030：未来十年，中国民企十大关键词［EB/OL］.
领教工坊（ID：Clec China）.

［33］蓝狮子，吴晓波. 鹰的重生［M］. 北京：中信出版社，2012.

［34］张悦，张瑞敏. 创世界品牌的"家电教父"［J］. 对外经贸实务，
2013（5）：15-19.

［35］赵剑波. 海尔在互联网时代的转型与创新［J］. 新经济导刊，2014
（7）：72-73.

［36］郭文强，张泽文，张少杰等. 对外直接投资理论研究综述［J］. 科技
研究管理，2006（5）：35-38.

［37］胡志军，温丽琴. 中国民营企业对外直接投资新特点与新问题研究
［J］. 国际经贸，2014（6）：30-33.

［38］李敏. 中国民营企业对外投资的动因分析及其建议［J］. 东方企业
文化，2011（5）：56.

［39］李赛，张冠宇. 浅析民营企业用何种管理模式迎接"走出去"的战
略要求［J］. 经济论丛，2015（1）：252-253.

［40］李珊珊. 民营企业投资海外市场制约因素研究［D］. 天津商业大学
硕士学位论文，2016.

［41］刘夏明，王钰，逯建等. 中国 OFDI 的研究综述：理论创新与重构
［J］. 中南财经政法大学学报，2016（2）：86-93.

［42］刘亚洲. 浅析中国民营企业对外直接投资所面临的问题［J］. 国际
商贸，2017（7）：54-55.

［43］宓红. 从小规模技术理论看浙江民营企业对外直接投资的优势［J］.
亚太经济，2003（4）：65.

［44］欧阳峣. 中国民营企业跨国经营的优势分析［J］. 管理世界，2005
（5）：150-151.

［45］张其仔. 在进一步扩大开放中推动数字经济发展［N］. 光明日报，
2019-04-09（11）.

［46］江小涓. 数字经济，疫后时代的分析与展望［EB/OL］. 人民
网，https：//k.sina.com.cn/article_6456450127_180d59c4f02000z4fj.html？
from=news&subch=onews，2020-04-12.

［47］易宪容，陈颖颖，位玉双.数字经济中的几个重大理论问题研究——基于现代经济学的一般性分析［J］.经济学家，2019（7）：23-31.

［48］王林卉.国际直接投资理论对中国在发达国家投资的解释——以海尔在发达国家直接投资的成功经验为例［J］.价值工程，2014（14）：10-13.

［49］魏涛.中国企业海外并购促进无形资源优化升级问题研究——以海尔集团海外并购的实践为例［J］.宏观经济研究，2018（5）：158-166.

后　记

　　本书是在已有专家学者先行研究成果的基础上，通过国内外已有的研究理论和研究方法，广泛汲取近年来诸多有关国际投资方面最新研究成果的基础上，理论联系实际，进行了比较全面和系统的论述，具有较强的实用性和参考价值。

　　首先，本书提出了以"一带一路"为统领重塑对外直接投资新格局，把握全球制造业分工格局调整契机，加强创新驱动，着力构建全球市场网络，推动企业对外直接投资，加强海外投资平台建设等战略思路。民营企业的对外直接投资实现"弯道超车"，实现与第四次科技浪潮的同频共振。其次，本书对中国企业对外直接投资的区域市场及区位选择策略、中国企业对外直接投资体系构建与政策导向，以及中国企业对外直接投资的措施进行了较为详细的阐述和辨析。全书以问题为研究的起点，运用理论与实践相结合、现实与发展相结合的方法，分析了国际市场环境和民营企业优势，提出了传统经济下的民营企业在对外直接投资中，向网络经济、数字经济转型的建议和实操策略。对民营企业跨国并购，区位选择、产业国际转移等问题做出了理论探讨和实证分析，尤其是对民营企业对外直接投资的重点区域投资及风险防范的应对建议的某些观点和思路。最后，着重从实践的视角，系统而深入地探讨了民营企业对外直接投资发展与展望。结论是：发展中的问题需要用发展的思路去解决，全球化大势和"新冠肺炎"疫情危机将推动更高层次的全球化进程，数字世界有机会打造升级版的全球化。

　　虽然该书已经完成了本阶段的研究，但也是新研究的开始。对于本书研究的相关领域、学界的最新动态和研究成果，笔者将持续跟进，砥砺前行。

限于笔者的研究功底和水平，本书难免存在不足与缺陷，衷心希望得到您的批评与指正！

该书稿的顺利出版得益于经济管理出版社王光艳编辑的督促与支持，在此深表感谢！

张　琦

2020 年 3 月